# (K)eine Frau zum Verlieben

## - switch when you`re winning

Sandra Vahle & Mary Green



neobooks

**Impressum**


| | |
|---|---|
| Texte: | © Copyright by Sandra Vahle & Mary Green |
| Umschlag: | © Copyright by Sandra Vahle & Mary Green |
| Verlag: | neobooks<br>sandra-vahle@gmx.de |
| Druck: | epubli ein Service der<br>neopubli GmbH, Berlin |

Printed in Germany

## Das Dilemma der Liebe

Herzlich willkommen im einundzwanzigsten Jahrhundert! Sie dürfen sich jetzt ausziehen und hinlegen - und dann vergnügen wir uns für ein paar Stunden. Hm... - deine Brüste sind echt schön... - zum Anbeißen! Dreh dich mal... - ja, zeig mir deinen Hintern! Hm - du bist echt verdammt heiß... - ich stehe voll auf dich!

Was kann Sex aufregend sein! Ganz ehrlich - wir lieben Sex! Wir fühlen uns liebend gerne wie die allerschönste Frau auf der ganzen Welt. Wir mögen es, wenn Mann unsere Seele glücklich vögelt! Vor allem, wenn wir diesen Mann mögen!

Was wir nicht mögen, ist alleine sein. Wir ersehnen eine starke Schulter zum Anlehnen - jemanden der uns tröstet, wenn wir traurig sind. Einen allzeit potenten Liebhaber, aber zugleich einen besten Freund. Jemanden, der für uns da ist - der uns das volle Programm bietet. Unvergesslichen Sex, liebevolle Küsse und Gespräche bis zum Morgengrauen. Kurzum: Wenn wir jemanden gefunden haben, den wir mögen, dann möchten wir das, was man im Volksmund als Beziehung bezeichnet.

Zurück in die versexte Realität! Hat die romantische Liebe tatsächlich und endgültig ausgedient? Müssen wir uns wirklich nur mit Affären, unverbindlichem Sex oder einer lieblosen Zweckgemeinschaft zufriedengeben? Was ist denn mit unserem Herz? Denkt eigentlich irgendjemand verdammt noch einmal bitte sehr an unser Herz?

Unser Herz versteht nämlich nicht, weshalb es out sein sollte, geliebt zu werden! Mal abgesehen von dem moralischen Zeigefinger, der mal mehr und mal weniger schmerzhaft pikst, hegt es das romantische Bedürfnis nach Liebe - völlig unbesehen, ebenso wie das Bedürfnis unserer Vagina nach Sex. Ja, der Herr Schöpfer hat sich etwas dabei gedacht, als er uns modelliert hat.

Generation Beziehungsunfähig, Freundschaft plus, Nicht-Beziehung - um nur drei der neumodernen Umschreibungen zwischenmenschlicher Zusammenkünfte zu nennen! Eigentlich ist es aber auch egal, wie man das Kind beim Namen nennt. Viel wichtiger ist, was die Menschen, die das praktizieren, gemeinsam haben. In unseren Augen sind diese ganzen unromantischen „Ich will nur Sex" - Menschen vor allem eins: Feige!

Sie veräppeln sich selbst, und was noch viel schlimmer ist, sie betrügen ihr eigenes Herz. Und mit seinem eigenen Herzen ist man besser im Reinen. Desgleichen kann man besser das Licht ausknipsen anstelle sämtlicher moralischer Werte, nur um den Drang nach Sex zu stillen. Das ist immer noch ein Mensch, den man da vögelt - keine Gummipuppe.

Betreibt man vorzugsweise Sex ohne Liebe, wird man zwangsläufig abgestumpft und unromantisch. Rein, raus. Raus, rein. Gefühle zeigen? Miteinander reden? Stundenlang knutschen? Den anderen kennenlernen? Na, jetzt stellen wir aber Ansprüche! Und Ansprüche zu erfüllen, ist ja irgendwie lästig, oder? Was das alles noch mit Liebe zu tun hat? Gar nichts.

Bei dieser neuen Form der Nicht-Beziehung der Generation Y geht es einzig und allein um Oberflächlichkeit und einen Orgasmus. Oder auch zwei oder drei.

Da lässt man sich nicht gern verbindlich auf jemanden ein - da könnte man Gefahr laufen, den anderen zu mögen, oder im schlimmsten Fall: Sich zu verlieben. Furchtbar. Dieses böse Wort mit L. Dann müsste man ja morgens immer neben ein und derselben Person aufwachen. Langweilig.

Es ist ein trauriges Dilemma, welches die Liebe da heimsucht! Die Generation Beziehungsunfähig weiß es nicht mehr zu schätzen, jeden Morgen neben derselben Person aufzuwachen, intimste Geheimnisse zu teilen und gemeinsam in den Sonnenuntergang zu spazieren. Sie mag die Unverbindlichkeit, die friends with benefits oder One-Night Stands mit sich bringen. Legt man sich fest, verpasst man etwas - den nächsten Fick zum Beispiel.
Die Digitalisierung und insbesondere soziale Netzwerke oder Dating Apps wie Tinder und Co. begünstigen das moderne Gefühlsklima, bei dem einem das Herz gefriert. Online eine Bindung aufbauen ist ungefähr so effektiv wie ein Eis zu backen. Zudem erschlägt uns die Quantität. 66 Matches bei Tinder, 66 Geister, die einem optisch gefallen, und jetzt muss bloß noch das Beste herausgefiltert werden. Im wahrsten Sinne des Wortes, denn das erste Treffen erfolgt filterlos, und birgt ungeahnte Gefahren. Ebenso wie erste Intimitäten - das alles kann die perfekte Illusion zerstören, schneller als man bis drei zählen kann.
Das Streben nach Perfektion ist in der Liebe gänzlich fehl am Platz. Die Liebe liebt den Menschen, das verträumte Herz! Liebe basiert auf Respekt, Vertrauen und Wertschätzung. Und es tut uns leid, liebe „Ich will nur Sex"-Menschen, das findet ihr nur heraus, wenn ihr eure Mauern abreißt und euch auf das Abenteuer Liebe einlasst, zum Beispiel vielleicht dann, wenn euch jemand so sehr gefällt, dass eure Geschlechtsteile den Weg ineinander gefunden haben.
Zurück in die kalte Neuzeit. Die Liebe zu finden, ist ein komplexes Unterfangen. Nicht jeder Fick generiert Liebe, das muss an dieser Stelle ebenfalls zwingend gesagt werden. Manchmal entspringt eine körperliche Vereinigung nur dem kurzen Zauber eines Moments, manchmal auch einfach bloß stupider Geilheit. Mauern abreißen macht

nur Sinn, wenn Funken da sind. Du ersehnst schließlich jemanden an deiner Seite, den du magst. Mit dem du gerne Zeit verbringst - im Bett und außerhalb.
Ob aus Anziehung und Verliebtheit Liebe werden kann, findet man nur heraus, wenn man sich kennenlernt. Wenn man Zeit miteinander verbringt, und sich emotional auf sein Gegenüber einlässt. Und was ist an Verbindlichkeit so abschreckend? Im schlimmsten Fall trennt man sich nach sechs Wochen wieder, wäre das ein Weltuntergang? Gesteinigt werde der, der sich ewig bindet.
Menschen sind unterschiedlich. Der eine braucht viel Zeit, der andere glaubt an Liebe auf den ersten Blick und prüft sogleich, ob der neue Nachname mit dem eigenen Vornamen harmoniert. Wie gesagt, die Menschheit ist vielfältig gestrickt, aber für jeden Bekloppten gibt es einen Beklopptere, der ihn versteht! Die Suche ist komplex, aber nicht aussichtslos - sondern vielmehr eine himmlische Reise ins Glück!
Wir möchten dich gerne auf dieser Reise begleiten. Wir möchten dir Denkanstöße geben, und dir aufzeigen, wie du deine Zeit als Singe maximal angenehm nutzen kannst! Wir glauben an die Liebe - nur wissen wir leider nicht, wann genau sie in dein Leben treten wird. Was wir aber wissen, ist, wie du die Zeit bis zum gelobten Tag mit so viel Spaß wie möglich überbrücken kannst.
Wir möchten dich nicht konditionieren, sondern optimieren! Alles, was du brauchst, sind Zettel und Stift - und eine Portion Abenteuerlust, um auszuprobieren, was für dich am besten funktioniert. In der Liebe gibt es keine To-Do Liste - zum glücklicheren Single, der ins Wartezimmer verfrachtet wurde, schon!
Dieser Ratgeber richtet sich an sämtliche Menschen, die alleinstehend sind. An all die verträumten Romantiker dieser Welt, die wie wir - Sandra Vahle und Mary Green -

die Hoffnung an die Liebe noch nicht aufgegeben haben, aber ebenso an jene sonderbaren „Ich will nur Sex"-Menschen, deren Herz wir gedenken aufzutauen.
Jedes Herz will lieben und geliebt werden, auch die verfickten. Die ersehnen still und heimlich Liebe, aber nicht offiziell, und erst recht nicht bei Tinder. „Nach was suchst du hier?" und „Sex oder Liebe?" sind statistisch gesehen die am häufigsten gestellten Fragen des männlichen Geschlechts. Obschon wir die Suche nach gefühlskaltem und abgestumpftem Sex verlockend finden, präferieren wir irgendwie doch lieber jenes romantische Modell mit dem ekeligen Kuscheln danach.
Die Liebe ist ein Mysterium. Manchmal liebt nur eine(r), meistens liebt einer mehr als der andere, und im optimalen Fall ist sie auf beiden Seiten gleich verteilt. Die Liebe kann gerissen, unbeständig und watteweich sein. Sie kann uns alles nehmen, und ebenso alles geben. Die Liebe an sich ist es jedenfalls immer wert, geliebt zu werden.
Dieser Ratgeber soll dir dein Singleleben versüßen, und dich auf eine neue Liebe vorbereiten. Liebe wird aus Mut gemacht - aus Aktionismus, nicht aus passivem Warten. Tauche hinein in eine spannende Single-Liebes-Welt, gespickt mit persönlichen Date-Anekdoten, Glückstipps und Geheimnissen, sowie einem Interview mit einem echten männlichen Exemplar, der glücklicherweise unseren Sinn für Humor teilt - Ironie und Sarkasmus sind übrigens ein Anzeichen für Intelligenz.
So jetzt aber genug geschwafelt, jetzt geht`s ans Eingemachte.

## Erste Schritte ins Glück!

- Lies einen hilfreichen Singleratgeber (Applaus - das tust du gerade!)

- Verinnerliche Gelesenes (Wenn nötig, lies bestimmte Passagen mehrmals)

- Befolge unsere Ratschläge (Jetzt ist es an dir - du wirst sehen, wie gut es dir tun wird!)

## Tipps für kurze und einfache Selbstmotivation

Wenn du Single bist, durchlebst du verschiedene Phasen - von enthusiastisch tanzend bis zu Tode betrübt. Mal fühlst du dich, als würde dir die ganze Welt gehören, mal einsam und ungeliebt. Und dazwischen gibt es diese ganzen vielen Farbzonen, die mal grün, blau, violett, rosa, gelb, oder orange sind. Die tolle Nachricht daran: Du bist vollkommen normal!
Wir möchten, dass du die grauen und schwarzen Phasen auf ein Minimum reduzierst - dass du die unzähligen Freiheiten des Singlelebens zu nutzen weißt! Wir möchten dir zeigen, wie man das Beste aus ihnen herausholt und was essentiell hilft, damit du nicht jammernd die Ungerechtigkeit der Liebe beklagst, sondern leichtfüßig durchs Leben schreitest. Die folgenden Tipps beziehen sich auf schnell erreichbare und leicht umsetzbare Grundlagen eines glücklicheren Singledaseins. Sie sind wichtige Bestandteile deines Umdenkens, und du wirst sehen, wie schnell und einfach sich das Meiste davon realisieren lässt!

- Erfinde dich neu - änder deinen Look und deine Frisur! Ein vertrauter Klassiker, allerdings von uns mit einer wichtigen Zusatzinfo versehen: Besuche zuvor deine Mutter - schaue sie dir eindringlich an, und überlege, was euch optisch unterscheidet. Bist du ihr zu ähnlich? Tragt ihr dieselbe Frisur? Ändere das! Grenze dich ab, und erfinde dein eigenes ICH!

- Es ist wichtig, so viel wie möglich dafür zu tun, damit du dir selbst gefällst! Du fühlst dich nach dem Sport immer wie neugeboren? Dann geh ins Gym oder raus an die frische Luft! Lad dir die Titel von deinen Lieblings-

Power-Musikern auf dein Handy und los geht's. Sport ist super für dein Wohlbefinden!

- Du hasst Sport? Ungünstig, denn wir wollen, dass du dich fantastisch fühlst, nichtsdestotrotz bedienen wir uns nicht der Nötigung. Alternativ kannst du eine neue Sprache, ein Spiel oder Instrument erlernen oder etwas tun, um dich in der Uni oder im Job zu verbessern. Mach etwas, auf das du richtig stolz sein kannst und betrachte es als persönliches Projekt deines Herzens, das du jetzt endlich in die Tat umsetzen wirst.

- Bei allem was du künftig tun wirst, halte es schriftlich fest! Kreiere deine individuelle Single To-Do Liste! Du wirst sehen, dass dich das Abhaken dieser Liste in jeder Hinsicht beflügeln wird, und wenn du schon fleißig warst, darfst du an dieser Stelle bereits drei Dinge durchstreichen. Das Motto für den Anfang heißt „eigene Erfolge“ anstelle „multipler Orgasmen“.

- Kommen wir zu einem sehr wichtigen Punkt, der dein Selbstbewusstsein steigern wird, obwohl er gar nichts mit deiner eigenen Person zu tun hat - vielmehr mit den Macken deines Ex-Freundes! Sinniere drei Dinge, die dich in deiner letzten Beziehung eingeschränkt haben! Woran hat dein Verflossener immer nervtötend rumgemeckert? Hat er Familientreffen gehasst und jedes Mal schlechte Laune mitgebracht? Fand er es überflüssig, den Supermarkteinkauf für mehr als einen Tag zu planen? Hat der Modeexperte stets einen doofen Kommentar zu deinem wohldurchdachten Stilmix abgegeben und dich eine Zigeunerin geschimpft?

- Schreibe diese drei Dinge auf und zelebriere sie fortan! Backe einen Kuchen fürs nächste Familientreffen, kauf dir einen besonders schönen Notizblock für künftige Einkaufszettel und poste deine Lieblings-Stilmix-Outfits auf Instagram.

- Als Nächstes erteilen wir dir ein eingeschränktes Stalking Verbot bezüglich Ex-Freunde, Ex-Liebschaften und Ex-Schwärme! Eingeschränkt deshalb, um dich langsam auf die richtige Spur zu bringen. In diesem Stadium deiner Bekehrung erlauben wir heimliches Nachstellen, allerdings zeitlich begrenzt und inhaltlich bewusst. Erlaubt sind zehn Minuten pro Woche zur Entwöhnung! Stell dir eine Stoppuhr und suche beim Stalken nach etwas Abstoßendem. Ein selbstgefälliges Lächeln oder ein dicker Pickel lassen Mr. Wrong in einem anderen Licht erscheinen.

- Geteiltes Leid ist halbes Leid - das ist kein abgedroschenes Sprichwort, das ist ein Fakt! Wir plädieren für mehr Gespräche und Sekt mit Gleichgesinntinnen und mehr Sex mit Gleichgesinnten - dazu später aber mehr. Zu diesem Zeitpunkt beschränken wir uns vorerst auf die Wochenendplanung! Trommel deine Freundinnen zusammen und gehe aus. Trefft euch zum Vortrinken, und dann stürzt euch ins Nachtleben!

- Wenn du ausgehst, sprich an ein und demselben Abend fünf Männer an. Wenn du dich nicht traust, sie anzusprechen, remple sie versehentlich an - das funktioniert fulminant! Bedeutsamer als die Methode ist allerdings die Auswahl. Interagiere querbeet - nicht nur nach deinem gewohnten Beuteschema! Verteile im besten Fall fünfmal deine Nr. - das ist eine erquickliche Alternative zu Tinder & Co.

- Wenn es sich ergibt, knutsche. Das ist gut für Herz und Seele.

- Wenn es sich ergibt, habe Sex. Das ist ebenfalls gut für Herz und Seele - dazu aber später mehr.

- Meldet sich einer der Jungs oder Männer noch mal wieder und zeigt aufrichtiges Interesse, verabrede dich für einen Spaziergang oder einen Kinobesuch! Das sind die zwei effektivsten Aktivitäten für ein Date. Spaziergang? Du und dein Schwarm seid in Bewegung und locker - ihr fühlt euch nicht wie zwei Haie in einem viel zu engem Aquarium. Zudem passiert etwas um euch herum. Kino? Kino ist nützlich - ihr könnt miteinander chillen, und euch trotzdem vor oder nach dem Film unterhalten. Wähle jedoch nicht irgendeinen Film oder irgendeine Vorstellung. Wähle unbedingt einen Actionfilm, Horror oder Thriller plus die Spätvorstellung. Dein Schwarm wird dich beschützen wollen.

- Selbige Vorschläge gelten fürs Online-Dating! Verweile unter keinen Umständen im Schreibmodus mit Geistern - verabrede dich für Dates!

- Demonstriert einer der Jungs oder Männer sexuelles Interesse - go for it und amüsiere dich! Gönn dir so viel Sex wie es dir angemessen erscheint! Aber wie gesagt - mehr dazu später, und zwar detailliert!

- Denke nicht ausschließlich an deine Vagina - pflege ebenso deine Seele! Gönn dir ruhige Abende mit einer heißen Tasse Schokolade mit Sahne und einem romantischen Liebesroman. Auch wenn es in der Liebe gerade nicht gut läuft, freu dich darauf, was bald kommen mag.

## Ein Mann für mich allein

Das erste Date von dem ich dir erzählen möchte, hat den Namen Date wahrhaftig verdient. Kennengelernt hatten wir uns – wie sollte es anders sein – über Tinder. Durch vorherige zweifelhafte Erfahrungen, ging ich mit keinerlei Erwartungen hin und rechnete fest damit, nach einer Stunde wieder mit meinem Ben&Jerry's Peanut-Butter-Cup-Eis zu Hause im Bett zu sitzen und mich mit Bridget Jones' gemeinsam selbst zu bemitleiden.
Es kam jedoch anders. Denn Modelo war 1,90m groß, Hollister-Model und so gutaussehend, dass sich jedes Mädchen nach ihm umdrehte.
Wir trafen uns in der Weihnachtszeit in einem Café in der Dortmunder Innenstadt. Ich war direkt von seinem Zahnpasta-Lächeln verzaubert und in meinen Ohren klingelten schon die Hochzeitsglöckchen. Unter dem Vorwand, er lege großen Wert auf gepflegte Hände, ob er meine mal halten dürfe, berührte er mich zum ersten Mal. Er wärmte meine Finger, bezahlte mein Getränk (nicht, dass ich darauf bestehe, aber dann kann man zumindest sicher sein, dass es sich wirklich um ein Rendezvous handelt und der Gegenüber das Interesse erwidert) und brachte mich zum Lachen.
Schon nach kurzer Zeit brachen wir auf, schlenderten über den Weihnachtsmarkt, kauften Geschenke für seine Eltern – denn er bastelt jedes Jahr einen Adventskalender für seine Familie und an Ostern bemalen sie gemeinsam Eier. Auch wenn das ein bisschen kitschig ist, wer will schon nicht so einen Ehemann?! – und kehrten in ein Restaurant ein, das Freunden von ihm gehört. Gentlemanlike schwing er seine Jacke um mich (ich habe immer noch gefroren und das bei so viel Herzklopfen!) und stellte mich vor. Ich durfte von seinem Teller naschen, lernte

seine Freunde kennen und unter dem Tisch hielt er ab und an, immer mal wieder, meine Hand.
So jemand konnte ja nur ernste Absichten haben und wäre bestimmt nicht wieder so ein Reinfall, wie man es als Single-Frau gewohnt war, dachte ich mir. Denn wer gibt sich schon so viel Mühe und will dann doch nur Sex?!
Nachdem wir uns den Bauch vollgeschlagen hatten, gingen wir zurück zum Weihnachtsmarkt, damit ich ihm endlich den versprochenen Glühwein spendieren konnte. Wir verbrachten den Abend an einem der berühmtesten Glühweinhäuschen des Ruhrgebiets und blieben so lange dort, dass es vor unseren Augen schloss und wir nicht einmal die Tassen zurückgeben konnten. Zum Abschied küssten wir uns und er brachte mich - wie ein echter Traumprinz eben - bis zur Tür nach Hause (zugegeben, ich wohnte damals nicht weit entfernt).
Natürlich wollte ich mehr. Wir trafen uns immer häufiger, er nahm mich mit zu seinem Gesangsunterricht und oh Mann, Modelo hatte auch noch eine engelszarte Stimme und er brachte mir Klavierspielen bei. Das einzig enttäuschende an ihm war der Sex. Bei seiner Statur und seiner Größe hatte ich mir auch einen großen Liebesdolch erträumt. Leider war das Gegenteil der Fall. Modelo war so schlecht bestückt, dass man tatsächlich kaum etwas spürte. Und trotzdem, ich fing an, ihn zu mögen und mich in ihn zu verlieben.
Irgendwann (Gott sei Dank relativ zeitnah) nahm ich dann meinen Mut zusammen und fragte ihn, ob ich die einzige Frau in seinem Leben sei und ob auch er dabei sei, Gefühle zu entwickeln.
Modelo erklärte mir dann ganz selbstbewusst, dass er sich stets mit mehreren Frauen treffe und auch eine Art Beziehung mit jeder einzelnen führe. Er könne mir anbieten, dass ich, zumindest vorübergehend, seine primäre

Freundin wäre, aber er möchte keine der anderen aufgeben. Als ich dann fragte, ob die anderen Mädels davon wissen, verneinte er das und verdeutlichte, dass er die Frauen nie voneinander wissen lässt, es sei denn, sie fragen konkret danach. Lag Modelo vorher bei einer glatten 9 auf einer Skala von 1 bis 10 (das Penisproblem gab einen Punkt Abzug), rutschte er durch diese Aussage auf eine -25. Dass sich meine Gefühle innerhalb von so kurzer Zeit verflüchtigten ist mir vorher noch nie passiert. Wir blieben danach noch für einige Wochen befreundet, aber der Zauber war auf beiden Seiten verflogen.

## Tipps für mittelfristige Selbstmotivation

Ja, mit dem Zauber ist das so eine Sache! Der Zauber der Liebe ist vergleichbar mit dem einer Blume - wenn Mann sie nicht behutsam streichelt, nicht mit ihr spricht, und die Blume nicht regelmäßig gießt, verwelkt sie. Die ehrenhaften Absichten in Ehren, aber wenn Mann so viele Blumen wie möglich gießen möchte, werden sie alle nach und nach dahinsiechen.
Eine Blume kann nur bei fürsorglicher Pflege erblühen - in voller Pracht und unsagbarer Schönheit! Als Single kannst du diverse Methoden der Bestäubung austesten, und dann für dich entscheiden, welche dir am besten gefällt.
Wir möchten, dass du zufrieden bist und dein Singleleben genießt! Dass du anfängst, die Männerwelt zu erforschen, und dich selbst besser kennenlernst. Du sollst hinreichend Interesse signalisieren, und dir selbst mit Offenheit begegnen. Mittelfristig verlangen wir von dir, dass du alte Gewohnheiten hinter dir lässt und neue entwickelst. Dass du Dinge ausprobierst, die vollkommen untypisch für dich sind.
Angefangen mit Internet-Dating. Viele Frauen mögen kein Internet-Dating, uns inbegriffen. Wir finden es total dämlich, bescheuert und verzweifelt. Und trotzdem haben wir es gemacht. Warum? Weil es Erfahrungen sind und wir Sex wollten.

- Wer willst du sein und für wie lange? Geh in dich, und überlege, welche drei Dinge du besonders gerne an dir magst. Deine Locken, deinen unfassbar knackigen Po, dein Humor? Betrachte es als Inspiration für dein Online-ICH: Wähle Bilder, die deine Vorzüge betonen.

- Bei aller Internet-Liebe, sie macht dick! Wenn du willst, dass dein Po auch offline verzückt, lass ihn nicht träge und faul werden. Gehe mindestens einmal die Woche deinem auserwählten Sport nach - wenn du dich alleine nicht aufraffen kannst, ruf eine deiner Freundinnen an und vereinbart ein gemeinsames Sporteln, oder minimum einen Spaziergang!

- Abgesehen von deinem Körper, darfst du unter keinen Umständen deine Single To-Do Liste vernachlässigen. Die Sonne dreht sich nicht nur um Traummänner, sondern auch um dich: Kauf dir ein absolut schickes, und sündhaft teures Kleid. Mit ‚sündhaft teuer' meinen wir selbstredend einen Preis, der in gesunder Relation zu deinem Verdienst steht. Es steht keine Hochzeit an und man hat dich zu der diesjährigen Oscar-Verleihung versehentlich nicht eingeladen? Das macht überhaupt nichts: Kaufe dieses Kleid, und erschaffe deine eigene Gelegenheit zum Tragen!

- Zurück zur Jagd der schrecklichen haarigen Biester: Suche niemals nach Kopien deiner Ex-Männer! Sei offen - und bitte nicht oberflächlich. Achte vielmehr auf die Gefühle, welche ein Mann bei dir auslöst. Erscheint er dir vertraut, fühlst du dich geborgen, könnt ihr miteinander lachen? Schon beim Feiern haben wir dir angeraten, auch mal außerhalb deines Beuteschemas zu flirten, dasselbe gilt für Internet-Bekanntschaften und Supermarkt-Traummänner. Wenn du Mats, Matthias und Co. erspähst, ran an den Speck - auch hier eignet sich versehentliches Anrempeln erfolgsversprechend.

- Apropos Distanz zu Ex-Männern: Von nun an gilt temporäres Stalking Verbot! Hast du unseren Ratgeber befolgt, solltest du dich mittlerweile an die zehn Minuten Stalking pro Woche gewöhnt haben. Jetzt wird es ein bisschen schwieriger. Versuche, es so lange wie möglich ohne die Online-Recherche durchzuhalten. Vielleicht bist du sogar schon so weit, dass du diesen Schritt hier ganz überspringen kannst, weil du gar nicht mehr das Bedürfnis verspürst, dich selbst mit Bildern von anderen Mädels und deinem einstigen Traumprinz zu verletzen. Wenn nicht: Wir genehmigen zehn Minuten, aber Achtung! Nicht mehr für jede Woche, sondern nur noch für alle zwei Wochen.

- Stürze dich ins echte Leben! Plane und realisiere einen Kurztrip mit deinen Freundinnen, am besten übers Wochenende und ab ans Meer - Holland oder die Nordsee eignen sich zu diesem Zweck hervorragend. Du wirst sehen, wie gut dir das tun wird, und dass der Aperol Spritz mit Meerblick genüsslicher mundet. Ein Kurztrip kostet nicht die Welt, wenn du aber knapp bei Kasse sein solltest, eignet sich alternativ ein Tagestrip. Fahrt um sechs Uhr morgens los, trinkt mittags einen Hugo und fahrt abends wieder heim.

- Plane drei solcher Kurztrips pro Jahr. Mindestens!

- Verbringe viel Zeit mit deiner Familie, denn zu Hause wird man immer verhätschelt und verwöhnt und genau das brauchst du jetzt. Deine Eltern sind glücklich verheiratet und verkörpern in deinen Augen das absolute Traumpaar? Dann achte darauf, was ihr Ehe- und euer Familienleben für dich so perfekt macht und was du dir davon für dich selbst wünschst. Deine Eltern sind geschieden und ihre neuen Lebenspartner bringen dich zur Weißglut? Umso besser! Dann analysiere ihre Fehler und lerne daraus.

- Triff dich gelegentlich mit befreundeten Pärchen. Schnell wirst du feststellen, dass auch eine Beziehung nicht immer der Schlüssel zum Glück ist. Du wirst dein Singleleben zu schätzen wissen, wenn deine vergebene Freundin einer Eifersuchtsszene von ihrem Freund ausgeliefert ist, weil sie sich kurz mit dem netten Barkeeper unterhalten hat.

- Zurück ins Netz: Dein Online Profil ist erstellt, und es flattern die ersten Liebeserklärungen beziehungsweise Schwanzbilder herein. Juhu! Date online, aber hege keine großen Erwartungen. Verfalle nicht in verherrlichende Projektion nur aufgrund verlockender Optik und anfänglich nettem Small-Talk.

- Wenn du Online-Dating betreibst, und wie gesagt, wir insistieren auf reale Treffen, und zwar so schnell wie möglich, und nicht erst nach Abhaken eines männlichen Fragenkatalogs („Rauchst du?“ / „Wie groß bist du?“ / „Was machst du beruflich“ - langweiliiiiiig) - dann übe dich in Geduld! Nur weil es bei Nr. 1, Nr. 2 und Nr. 3 nicht gefunkt hat, heißt es nicht, dass der Blitz bei Nr. 4 desgleichen nicht einschlägt.

- Bevor der Internet-Frust die Oberhand gewinnt: Tue einmal im Leben etwas total Verrücktes! Unsere persönliche Empfehlung fürs Nachtleben: Habe heimlichen Sex mit einem Fremden auf der Toilette in einer Bar! Glaub uns, du wirst dich drei Wochen lang wie Pamela Anderson fühlen! Aber bitte steck dir vorher unbedingt und ganz zwingend hinreichend Kondome ein.

- Bei all der Männersuche und dem verruchten Sex: Vernachlässige niemals dein Herz! Verliere nicht dein Ziel aus den Augen, und das Ziel heißt Liebe. Wenn du deinen Toilettenmann nicht vergessen kannst, schließe ein Kennenlernen nicht aus, nur weil euch dreckiger Sex verbindet. Wenn doch, und du nach drei Wochen Pamela wieder zu Lorelai Gilmore mutierst, dann benimm dich auch so. Das heißt, sei nicht nur männerfixiert - gib den anderen wichtigen Themen deines Lebens Raum, und zwar hinreichend. Wo willst du beruflich hin, was kostet diese Tasche, und wo zur Hölle gibt`s das beste Sushi? Ja, Männer sind toll - und Single sein kann manchmal furchtbar böse und gemein sein, aber du kannst die Liebe nicht erzwingen. Was du aber kannst, ist dein eigenes Wohlbefinden stärken. Verbringe deine Zeit bewusst, und auch mal ausschließlich mit dir selbst: Trinke einen Cappuccino in deinem Lieblingscafé mitsamt deinem Lieblingsbuch - diesmal vielleicht ein spannender Thriller?

## Kommunikative Garnelen

Tinder ist so eine Sache für sich. Die einen mögen es, die anderen hassen es. Wie ihr wisst, zähle ich mich zur zweiten Fraktion, gleichwohl es vom Prinzip her meiner Meinung nach besser ist als jedes andere Datingportal. Immerhin trifft man eine Vorauswahl - wie im echten Leben rein oberflächlich. Im echten Leben kann Mann allerdings mit mehr punkten als einer optischen Ähnlichkeit zu Leonardo DiCaprio. Samt einer ordentlichen Portion Charme zum Beispiel. Viel Humor und guten Manieren. Oder einer schönen Stimme. Ich steh voll auf schöne Stimmen - am besten tief und männlich, aber diese Eigenart lassen wir jetzt mal außen vor.

Ich war also bei Tinder angemeldet und hatte mich zu einem Date mit einem Golftrainer verabredet. Die Bilder versprachen einen sportlichen und attraktiven Mann. Die Nachrichten versprachen einen großzügigen Mann, denn er sprach eine Einladung zum Essen aus.

Da die Kombination aus seinen Bildern und seinem Beruf Kohle suggerierten, suchte ich mir als Ort unserer Zusammenkunft meinen teuren Lieblingsspanier aus. Sollte der Abend doof und langweilig werden, hatte ich mindest mal wieder dekadent gegessen. Das klingt jetzt sicher nicht sonderlich sympathisch, aber zu dieser Zeit war ich echt knapp dran mit dem Geld und zudem sehr hungrig.

Wir verabredeten uns für 19 Uhr. Eine perfekte Zeit für ein perfektes Dinner.

Mario war pünktlich, sein äußeres Erscheinungsbild genauso attraktiv wie auf den Bildern und seine Begrüßung so nett wie seine Einladung. Küsschen links, Küsschen rechts.

„Entschuldige bitte meinen Aufzug! Ich hab`s nicht mehr geschafft, mich umzuziehen.“

„Alles gut“, lächelte ich aufrichtig.
Der Herr Golftrainer trug noch seine Golfklamotten, was wiederum impliziert, dass er womöglich nicht geduscht hatte, nachdem er den ganzen Tag Golfstunden gab. Jedenfalls hat er nicht gestunken oder so und immerhin war er eine ehrliche Haut.
„Tut mir echt leid. Hätte ich gewusst, wie hübsch du in Natura bist, hätte ich mich noch umgezogen.“
Ähem. Und vielleicht sogar geduscht?
Er bemerkte meinen irritierten Blick.
„Die meisten schummeln mit ihren Bildern...“
Ich musste lachen. Das war schon mal gut. Trotzdem wusste ich nicht, ob mir diese frontale Art der Kommunikation, die sich durch den ganzen Abend ziehen sollte, gefallen würde.
Wir gingen hinein und nahmen Platz. Ich klopfte mir gedanklich auf die Schulter, das war wirklich ein romantischer Ort für ein erstes Date, und zudem konnte man hier den besten Tintenfischsalat im ganzen Ruhrgebiet verspeisen.
Mario suchte uns ein nettes Glas Rotwein aus. Das Ganze hier war offensichtlich genau nach seinem Geschmack - ich glaube, er mochte Dekadenz. Jedenfalls zelebrierte er das Aussuchen des Rotweines mit Anmut und Sorgfalt - wissbegierig erfragte er beim Kellner Details. Ein Weinliebhaber - weiß Gott nicht verkehrt.
„Ist es ok, wenn wir erst mal drei bis vier Tapas als Vorspeise nehmen und danach, also nach einer längeren Pause, die Hauptgänge bestellen?“
Klar war das ok. Ich hatte viel Hunger.
Wir trafen gemeinsam eine Wahl. Nun ja, das entsprach nicht ganz der Wahrheit, denn eigentlich suchte Mario sämtliche Tapas aus und ich nickte zustimmend. Das war aber auch ok, denn mir sagte seine Auswahl sehr zu.

Eigentlich war ich nach dem ersten Gang bereits gesättigt. Erstens aufgrund des Essens und zweitens angesichts der Schwere, die sich in meinem Magen ausgebreitet hatte. Mario hatte mir nämlich eine kleine Geschichte von seinem Zwillingsbruder erzählt. Dass dieser eines Abends von ein paar Betrunkenen verprügelt wurde und seither im Wachkoma liegt. Mario!

Herrje, so eine traurige Geschichte erzählt man doch nicht bei einem ersten Date! Mir haben tatsächlich ein wenig die Worte gefehlt und eigentlich fehlen mir relativ selten die Worte. Ich meine, es ist ja irgendwie auch ein Kompliment hinsichtlich der eigenen Vertrauenswürdigkeit, und zudem tut es mir aufrichtig leid, was Marios Bruder passiert ist, und ich hoffe, die Täter schmoren dafür in der Hölle, aber das sind definitiv too much information für ein erstes Date!

Mario bemerkte um diesen Fauxpas und gab sich Mühe, das Ganze wieder umzubiegen.

„Das war jetzt etwas unpassend für`s erste Date, ich weiß! Lass uns die nächste Runde bestellen und über was anderes reden. Über Filme und Bücher! Die Autorin liest doch bestimmt auch gerne selbst, oder?"

Noch mal die Kurve gekriegt, wobei das eigentlich relativ zu betrachten ist, denn ich bin da etwas voreingenommen. Es hatte nicht gefunkt mit Mario, und wenn da kein kleiner Funke am Anfang ist, dann kann auch kein Feuer entfachen. Punkt. Ausrufezeichen!

Zu diesem Zeitpunkt wusste ich allerdings noch nicht, wie froh ich darum sein sollte, dass es nicht gefunkt hatte. Aber dazu kommen wir sogleich.

Mario suchte neuerlich fünf oder sechs Tapas aus und ich nickte abermals zustimmend. Unsere Kommunikation funktionierte problemlos. Wir waren ein gutes Team, wenn nicht gar hervorragend.

Der zweite Gang kam und an dieser Stelle möchte ich lobend erwähnen, dass Mario alles andere als ein Geizhals war. Nicht nur die Anzahl der Tapas war spendabel, sondern auch die Qualität. Garnelen, Lamm, feiner Schinken - Mario pickte die feinsten Sachen heraus, die ich mich gar nicht getraut hätte zu bestellen. Also angenommen, er hätte mich gefragt, was ich aussuchen möchte, wäre der Abend für ihn weitaus billiger geworden. Nun gut, wie gesagt, ich hatte wirklich nichts gegen seine Auswahl einzuwenden. Sie war saulecker.
Ich aß gerade eine Garnele. Besser gesagt, ich pulte sie mit den Fingern auf.
„Ähem, darf ich dich wohl um etwas bitten?“
„Ja bitte?!“
„Ich weiß, das mag jetzt womöglich komisch rüberkommen, aber ich bin da eher so von der direkten Sorte!“
„Ich habe kein Problem mit Direktheit...“
„Ok - würde es dir was ausmachen, wenn ich alle Garnelen für uns ihrer Schale mit Gabel und Messer entledige? Das geht total einfach!“
Mich hat, glaube ich, noch nie jemand auf so eine unverblümte und offensive Art und Weise auf meine nicht vorhandenen Tischmanieren hingewiesen. Autsch.
„Wenn du magst, bitte sehr...“
Höflichkeit ist manchmal eine furchtbare Angewohnheit meinerseits. Was soll`s - wir wollen keine Erbsen, beziehungsweise Garnelen zählen.
Der restliche Abend verlief dann aber echt nett. Wir haben uns über unsere Lieblingsfilme und Bücher unterhalten, zwischendurch haben wir draußen kleine Raucherpausen für den Golftrainer gemacht, und wiederum zwischendurch meinen schlecht erzogenen Hund, der irgendwann wie ein Baby genölt hat, ins Auto verfrachtet. Was letzteren Punkt anging, war Mario echt entspannt -

er hat sich nicht besserwisserisch in meine Erziehung eingemischt.

Ich glaube, Mario hat knapp hundert Euro für diesen Abend springen lassen und er hat sich wirklich Mühe gegeben, den Abend, der zwischendurch auf der Garnelen- und Komakippe stand, zu retten. Allerdings rettungslos. Denn es hatte wie gesagt nicht gefunkt, und irgendwie fand ich das auch nicht schmerzerfüllend bedauernswert.

Nichtsdestotrotz war dies ein netter Abend mit dem frisch geduschten Golftrainer Mario - viel netter und vor allem unterhaltsamer jedenfalls als einer dieser vielen, zuweilen sehr bereichernden, aber eben auch des Öfteren sehr einsamen Single-Abende, die ich alleine auf der Couch verbracht hatte und verbringe. Nun ja, nicht ganz alleine. Mitsamt meinem Hundilein und einem Nutella-Glas.

Als ich an diesem Abend heimkam, blieb das Nutella-Glas verschlossen. Ich ging in die Küche, da ich Lust auf einen Absacker verspürte. Es befand sich noch eine Flasche Baileys` in meinem Kühlschrank. Im Eisfach hatten sich sogar noch ein paar Eiswürfel versteckt. Ich sinnierte einen Grund zum Anstoßen und wurde schnell fündig

Ich trank auf mit Messer und Gabel gepulte Garnelen.

## Tipps für langfristige Selbstmotivation

Nicht jedes Date mündet in einem Orgasmus, geschweige denn in einer Beziehung. Mit einer sehr hohen Wahrscheinlichkeit wirst du viele Frösche kennenlernen, ehe dein ersehnter Prinz dich Tag für Tag zu multiplen Orgasmen stoßen darf. Wir möchten dich darauf hinweisen, dass diese Suche unter Umständen länger dauern, und sehr mühsam sein kann.

Wichtig ist, niemals die Hoffnung zu verlieren. Der duschscheue Golftrainer findet sicher bald eine Dame mit besseren Tischmanieren, und auch Modelo wird sich spätestens 2035 dafür entscheiden, nur noch eine Blume zu gießen.

Du bist ungeduldig und möchtest deinen Traumprinzen jetzt, gleich und sofort? Du willst eine Expresslieferung? Wenn wir könnten, würden wir deinem Wunsch diskussionslos nachkommen, aber damit können wir leider nicht dienen - dafür aber mit erlesenen Glückstipps, welche dein Leben als Single auf der Suche nach Liebe und Sex bahnbrechend bereichern.

Widmen wir uns den Maßnahmen, die langfristigen Erfolg generieren, dafür aber auch mehr Energien, Input und Selbstdisziplin erfordern. Wir versprechen dir hoch und heilig, dass sich die Mühe lohnen wird. Habe Geduld und verinnerliche stets, dass du nicht das Problem darstellst - du willst Liebe geben, also hast du es auch verdient, sie zu erhalten. Lass dir die unbändige Naivität und den Glauben an die Liebe nicht nehmen. Dein stolzes Herz darf freimütig Liebe ersehnen - und sich bis zum Tag Liebe eine Menge Streicheleinheiten abholen.

- DU bist fortan der unangefochtene Star und Mittelpunkt deines Lebens! Das musst du verinnerlichen, gleichzeitig bedeutet es nicht, dass du ein egoistisches Wesen werden sollst. Vielmehr bedeutet es, dass du dir viel Gutes tun sollst!

- Probiere dich aus, aber finde deinen Wohlfühl-Look. Wenn du unseren Ratgeber bis hierhin gelesen und verinnerlicht hast, liegt eine optische Veränderung bereits hinter dir. Jetzt geht es darum, dein neues Ich zu stärken. Kaufe dir fünf Teile, die für deinen neuen Look stehen und sich gut miteinander kombinieren lassen. Es steht dir frei, dich in Zeitabständen wieder neu zu erfinden, aber nur, wenn du deinen aktuellen Look feierlich zelebriert und gelebt hast!

- Falls du Probleme hast, deinen Wohlfühl-Look zu finden, empfehlen wir einen Long-Bob, ein Teil aus Leder (Top, Shorts oder Leggings) und Espadrillas. Keine Frisur der Welt hat mehr Sex-Appeal als ein Long-Bob, kein Material ist heißer als Leder und kein anderes Schuhmodell ist zugleich dermaßen stylish und lässig.

- Praktiziere auf jeden Fall in irgendeiner Art und Weise regelmäßig Sport. Keine Ausreden mehr! Ob Poledance, Zumba oder Yoga spielt dabei überhaupt gar keine Rolle - wichtig ist, die Regelmäßigkeit und der soziale Effekt, der mitsportelt. Du wirst dich besser fühlen, wenn du in Form bist, und Italienisch kannst du auch auf dem Laufband lernen!

- Ein Star braucht Luxus! Schnapp dir deine Bücher, dein sündhaft teures Kleid und gönn dir einen Tag Wellness mit Übernachtung. Das Hotel muss nicht spektakulär sein, sprich auch nicht sündhaft teuer. Wichtig ist nur, dass du dir eine Auszeit nimmst, und dich in einem schönen Ambiente zelebrierst. Mit einer Masssage, Sauna und einem edlen Dinner for one. Dieser Punkt muss dringend und ganz unbedingt auf deiner To-Do Liste abgehakt werden - und falls dich das Verwöhn-Programm überzeugt haben sollte, darfst du es selbstredend gleich mehrfach notieren und abhaken.

- Ebenfalls abgehakt werden Ex-Männer! Falls du zu einem oder mehreren regelmäßig Kontakt hältst, versuche diesen komplett abzubrechen oder zu minimieren. Das ist wichtig, weil Kontakt einfach vollkommen ungesund ist, wenn einer von euch noch an der gemeinsamen Zeit hängt. Hinzu kommt, dass ein neuer potentieller Partner davon zurecht nicht begeistert wäre. In Ausnahmefällen, und auch wirklich nur, wenn auf beiden Seiten keine Gefühle mehr im Spiel sind, sprich eine gesunde innerliche Distanz existent ist, darfst du eine Freundschaft pflegen. Freunde sind grundsätzlich etwas sehr Wertvolles und Tolles - wie es sich hingegen mit Idioten verhält - das erfährst du sogleich.

- Sortiere Idioten aus, oder vermerke sie im Handy mit Idiot. So wirst du bei einer Nachricht oder einem Anruf direkt wieder daran erinnert, mit wem du es zu tun hast. Wir möchten die Notwendigkeit unterstreichen, denn wenn genug ist, ist genug. Wenn ein Kerl dir zu neunundneunzig Prozent ungut tut und er dich öfter zum Weinen als zum Lachen bringt, ist es sogar an der Zeit, ihn komplett aus deinem Leben zu löschen. Beziehungsweise seine Nummer oder eure vermeintliche Facebook-Freundschaft. Social Media birgt in dieser Hinsicht eine unterschätzte Gefahr, denn du wirst immer wieder freiwillig oder unfreiwillig konfrontiert.

Schiebe den Riegel davor, der dir guttut. Das ist befreiend - probiere es aus!

- Generelles Stalking Verbot, denn das ist ebenfalls befreiend! Ja, jetzt werden wir ein wenig strenger, aber das ist extrem wichtig und dieses Verbot gilt überdies ebenso für neue Freundinnen oder Ex-Freundinnen sämtlicher deiner Bekanntschaften, die in irgendeiner Art und Weise dein unbesehenes Herz taktlos tangiert haben. Vergleiche sind böse und nicht gut! Jeder ist individuell, du kannst zehn Kilo abnehmen, dieselbe Frisur und die gleichen Klamotten tragen, aber sie ist sie und du bist DU! Und DU bist toll und genug so wie DU bist!

- Wir wiederholen diesen Punkt, weil er so unheimlich wichtig ist: Keine Vergleiche und keine „Was hat sie, was ich nicht habe“ - Gedanken! Das bringt nichts und tut nur weh! In der Liebe geht es um Gefühle - nicht um Optik!

- Umdenken im Kopf! Ein ebenso sehr wichtiger Punkt, denn du kannst lernen, Dinge und Fakten aus anderen Perspektiven zu beleuchten - das hilft enorm, um Dinge und Fakten nicht persönlich zu nehmen, sondern als Bereicherung zu betrachten. Du hast die neue Freundin oder Ex-Freundin entgegen unserem Anraten gestalkt? Du fühlst dich nun so klein mit Hut, weil sie toll und hübsch ist? Wir verzeihen dir, denn hier können wir nun den Perspektivenwechsel beispielhaft ins Spiel bringen! Anstatt zu denken „Na super, die ist viel schöner als ich!“ - denkst du fortan: „Wow, die ist aber hübsch! Und mit so einer Granate spiele ich in derselben Liga!“

Erinnere dich bitte zwingend daran, dass ER dich auch gut fand oder noch gut findet!

- Wenn nötig, streiche auch sämtliche Freunde, sprich männliche oder weibliche Verbindungen, die ungute Gefühle in dir auslösen, aus deinen Social-Media Kontakten. Vor dem Social Media Zeitalter bist du deinem Ex auch nicht fünfmal am Tag irgendwo begegnet, online musst du dir das auch nicht zwingend antun. Zur Erinnerung: Du bist der Star, und niemand sonst.

- Dass du jetzt der Mittelpunkt deines eigenen Lebens bist, heißt nicht, dass du in Isolation leben sollst. Begib dich in die richtige Gesellschaft! Neben deinen tausenden von Dates ist Quality-Time mit deiner Familie und Freunden essentiell. Du willst nicht jeden Abend ins Bars und Restaurants abhängen, sondern auf deiner bequemen Couch „Bauer sucht Frau“ gucken? Das kannst du auch gemeinsam mit einer Freundin tun. Liebe geht durch den Magen? Freundschaft auch! Kocht zusammen - alleine essen macht halb so viel Spaß! Also - plane mindestens zwei Freundinnen-/Familienabende pro Woche!

- Verbringe generell nicht mehr allzu viel Zeit alleine. Stürze dich ins Leben und in die Arbeit. Genau dafür gibt es Hobbies, und genau dafür sind Freunde und Familie da. Lass sie dein Anker sein, und zugleich dein Boot, das euch hinaus auf`s wilde Meer bringt.

- Ein Anker ist auch ein fester Liebhaber. Zum einen ist es weniger anstrengend als sich immer wieder jemand Neues zu suchen, zudem ist es schöner, weil vertrauter. Der Nachteil von Liebhabern ist allerdings, dass sie für gewöhnlich nicht allzuoft Zeit haben, in der Regel meistens nur alle zwei bis drei Wochen - oder alle drei Monate, und dass du dich für gewöhnlich unsterblich in sie verliebst. Nichtsdestotrotz raten wir dazu an, denn so eine Nacht mit einem eingespielten Liebhaber bringt dich ganz weit nach vorne und rettet dich für einige Wochen. Zudem sind Sex und körperliche Nähe gut für dich und dein Wohlbefinden und obendrein bleibst du in der Übung für Mr. Right.

- Du hast Angst eine Schlampe zu sein, weil wir dir viel Sex anraten?

  Erstens ist uns aufgefallen, dass es kein männliches Synonym zu diesem Wort gibt, was die These vermuten lässt, dass es Männern erlaubt ist, sich ungeniert durch die Welt zu vögeln, ohne dabei an ihren Ruf denken zu müssen. Niemand schreit ihnen Schlampe hinterher. Nein, vögelt ein Mann sich durch die Betten, nennt man ihn Weiberheld, Schwerenöter, Lüstling, Aufreißer oder Casanova - was durchweg positive Attribute impliziert. Mit Schlampe hingegen assoziiert man benutzt, billig oder dreckig. Ja, die Männer sind manchmal echt schlau, denn wir glauben kaum, dass das Wort „Schlampe" die Erfindung einer Frau gewesen ist. Also Aktion Nr. 1, die wir dir abnehmen: Wir erfinden ein Wort, dass dem Wort „Schlampe" für Männer gleichkommt. Spontan fällt uns Stricher ein, aber das wäre wohl eher mit einer Hure gleichzusetzen. Wie wäre es mit Billigboy oder Samenlieferant? Stoßstange finden wir auch nicht schlecht - Notleine oder ganz simpel Schlampo? Wenn wir uns auf nichts einigen können, dann fordern wir eine Streichung des Wortes „Schlampe" - und obwohl wir kein Fan von Anglizismen sind, in diesem Fall finden wir „Maneater" weitaus erquicklicher! Essen ist ein natürliches Bedürfnis, liebe Freundinnen und Freunde des erhobenen Zeigefingers der Moral. Zweitens ist uns aufgefallen, dass Männer gern von Schlampen reden, obwohl sie selbst eine sind. Zum Zwecke des Untermauerns dieser gewagten These gibt es eine reale Tinder-Konversation mit einem männlichen Date bei einer Tasse heißer Schokolade mit Sahne (ER) und zwei Cappuccini (Sandra).

„Und was lernt Mann hier so kennen bei Tinder? Hattest du schon viele Dates?“
„Ach, hör mir auf, ich bin endlich mal froh, dich kennenzulernen, du bist jemand, den ich gerne wiedersehen würde.“
(Zu diesem Zeitpunkt übte ER sich im Versprühen von Charme)
„Wieso, was war denn mit den anderen?“
„Alles Huren!“
„Huren? Wieso, wollten sie Geld?“
„Nein - quatsch!“
„Dann wollten sie nur mit dir schlafen und dich nicht kennenlernen?“
„Das nicht, aber die meisten sind halt alles Schlampen - sind sofort ins Bett mit mir, direkt am ersten Abend - da weiß ich ja, was ich davon zu halten habe...“
„Das macht sie in deinen Augen zu einer Schlampe? Entschuldigung, wenn ich so nachfrage, aber mich interessiert deine Definition von Schlampe.“
„Ja, die will ich dann jedenfalls nicht mehr kennenlernen - das sind keine, die ich mehr an die Hand nehmen will und mit der ich durch die Stadt laufen werde...“
„Weil sie sofort mit dir geschlafen haben?“
„Ja.“

„Warum findest du das abschreckend? Ich meine, du könntest es ja auch als Kompliment betrachten, dass sie dich so heiß fanden, dass sie einfach richtig viel Lust auf dich hatten, oder nicht?"
„Nein, die fanden ja nicht mich besonders heiß, die wollten einfach nur Sex - das machen die doch mit jedem so..."
„Haben sie dir das gesagt, oder was verleitet dich zu dieser Annahme? Ich meine, das stellst du hier einfach so in den Raum, dabei weißt du es ja gar nicht sicher, oder?"
„Ne, sicher weiß ich es nicht, aber eine zum Beispiel hat ja auch mit anderen Männern noch geschrieben - hat sie mir sogar gezeigt..."
„Aha - und du hast du diesem Zeitpunkt nicht mit anderen Frauen geschrieben?"
„Ja doch, aber halt nur über Tinder..."
„Und sie kannte die anderen Männer nicht von Tinder?"
„Keine Ahnung... - jedenfalls wollte die dann irgendwann mehr, und hat mir dann beim zehnten oder zwölften Mal gesagt, dass sie mich liebhat, dann habe ich das sofort beendet!"
„Warum?"
„Weil das nur was Fleischliches war."
„Für die Schlampe scheinbar nicht..."
„Ja, aber das habe ich ihr vorher gesagt - sobald Gefühle im Spiel sind, soll sie es sagen, und dann lassen wir es sein."
„Weil sie eine Schlampe ist?"
„Ja, die hat jetzt auch wieder einen Freund, und ich bräuchte der nur einmal schreiben - die würde sofort vorbeikommen..."
(Wieder so eine These ohne plausibles Fundament - puh)
„Das weißt du weil?"
„Das weiß ich einfach!"

„Ich meine, jedem seine Ansichten - aber manchmal bin ich echt `ne kleine Alice Schwarzer und ich frag mich so die ganze Zeit, warum du von den Frauen als Schlampen redest, aber von dir selber nicht? Ich meine, du hast ja im Grunde dasselbe gemacht - du warst ja genauso leicht zu haben!"
„Ne, von mir aus hätte ich die erst mal kennenlernen wollen, aber wenn die sich halt so auf dem Silbertablett anbieten, sag ich auch nicht nein..."
(Da sag noch mal einer, es gibt keine Helden mehr...)
„Na ja, also in meinen Augen bist du auch `ne Schlampe - also nach deiner Definition. Ich meine, du kannst halt sagen, es hat nicht gefunkt - oke, ist plausibel, aber ich verstehe ehrlich gesagt nicht, wieso du so abwertend über Frauen redest?"
„Ich meine das nicht abwertend..."
„Du findest es ein Kompliment, eine Frau als Schlampe zu bezeichnen? Sorry, das sehe ich anders - ich finde es ist eine Beleidigung - und das meine ich geschlechterneutral. Also für männliche Schlampen gibt es ja leider kein Wort..."
(Was wir Füchse ja glücklicherweise ändern werden...)
„Ok, ist kein Kompliment, aber solche Frauen will ich halt nicht mehr als meine Freundin, da bin ich einfach ein bisschen altmodisch."
„Was heißt denn altmodisch - also nach wie vielen keuschen Treffen kommt sie denn für dich als deine Freundin in Betracht?"
„Ja, wenn beim zweiten oder dritten Mal was läuft, ist das was anderes - aber nicht direkt beim ersten Mal..."
(Die Antwort bringt dich jetzt ganz weit nach vorne...)
„Also ich schlafe auch manchmal beim ersten Date mit Männern, kommt halt auf die Situation an..."

„Oh, dann hätten wir uns wohl besser abends verabredet?“

„Nein, besser nicht - so denkst du ja jetzt, ich bin eine zum Kennenlernen.“

(Sorry, aber ich finde mich echt witzig manchmal)

„Bist du das nicht?“

„Es gibt da einen ganz tollen Film, der dieses Thema der klassischen Konditionierung echt richtig gut verpackt. Don Jon heißt er - versteht man allerdings nur, wenn man einen Sinn für Ironie und Sarkasmus hat...“

„Ich spreche fließend ironisch!“

„Ach ja?“

„Ja - du bist eine richtig coole Socke!“

(Ui - auf Beleidigungen am ersten Date stehe ich voll!)

„Das war jetzt aber nicht sonderlich charmant...“

„Ich habe das auch mal zu einem Türsteher gesagt, dem habe ich vorher auch gesteckt, dass ich fließend ironisch spreche, aber der hat`s gar nicht verstanden...“

Der Herr lächelt und trinkt einen großen Schluck seiner Schokolade.

(Ich übe mich ebenfalls im Schlucken, oder doch nicht?)

„Mich stört einfach deine abwertende Art, wie du über Frauen redest, so als ob es zwei Kategorieren gibt - die Schlampen und die potentiellen Freundinnen. Ich meine, was für ein Quatsch! Sollte es nicht darauf ankommen, dass man sich gerne mag? Und wie man sich kennenlernt, kann man doch gar nicht pauschalisieren. Wenn ich mit einem Typen sofort ins Bett steige, bin ich in meinen Augen noch lange keine Schlampe, und er übrigens genauso wenig. Vielmehr sind wir dann in diesem Moment zwei leidenschaftliche Herzmenschen, die sich ihrer Lust hingeben! Mit deiner Definition von Schlampe gehe ich so leider null d`accord - auch das meine ich geschlechterneutral.“

„Mit dir kann man echt gut diskutieren - ehrlich, ich steh auf Diskussionen, ich mag es, wenn man mir Kontra gibt…“
(Ähem - ich versuche gerade nicht, für dich interessant zu sein…)
„Ist das so?“
„Ja, aber am meisten mag ich es, dass ich am Ende immer Recht habe…“
„Wer mag das nicht?“

Zur Verteidigung des Herrn muss ich anmerken, dass er sich nach dem Date direkt nochmal gemeldet und gefragt hat, ob wir uns wiedersehen. Nachdem ich ihm erklärt habe, dass es bei mir nicht geknistert hat und ich zudem seine verstockten Ansichten über Liebe konditioniert und steinzeitmäßig finde, schrieb er: „Würde mich freun, wenn du mir nochmal `ne Chance gibst und wir dann was trinken gehen. Zu meinen Ansichten - die können sich ja auch ändern. Überzeuge mich davon.“
Hm - will ich das?! Einen Freund, dem ich erst „beweisen“ muss, dass aus Sex beim ersten Date Liebe werden kann und dass eine Frau keine Schlampe ist, nur weil sie sich verhält wie ein Mann? Nein, ich denke, das will ich ganz sicher nicht. Dieser Herr hat seine Chance vertan!

- Da wir uns ja aber zum Glück einig sind, dass Sex nichts Verbotenes ist: Erstelle dir eine extra Liste mit Liebe zu sexuellen Details, sprich eine separate Sexliste: Schreibe zehn intime Wünsche auf, die du realisieren möchtest (Nr. 1: Sex mit einem heißen Fremden auf der Toilette darfst du schon durchstreichen). An dieser Stelle bitte keine falsche Scham. Du willst einen Sugar-Daddy, und sein Bankkonto genießen? Lerne und nasche. Du willst einen Toyboy, und an seiner Jugend zehren? Spiele und zehre! Ein flotter Dreier? Bestimmte Stellungen reizen dich? Go for it! Gehe in einen Swingerclub, wenn du davon träumst, und lebe und tobe dich aus! Wichtig ist, dass du diese zehn Wünsche schriftlich festhältst, und sie nach und nach und in Begleitung von erquicklichem Stöhnen abhaken wirst.

- Auge um Auge. Zahn um Zahn. Gewöhn dir ein wenig mehr Egoismus an, Männer sind die Meister, was Egoismus anbelangt. Verschwindet dein Liebhaber einfach direkt nach dem Sex? Trefft euch nochmal und übe Vergeltung. „Ups - ich muss jetzt los!“ / „Kannst du jetzt bitte gehen? Ich bekomme noch Besuch…“

- Schütze dich mehr! Wenn du merkst, dass ein potentieller Liebeskandidat dir nicht länger guttut oder irgendwelche „Ich bin nicht gut genug Gefühle“ auslöst, geh auf Distanz. Das ist wichtig, denn du bist toll und hast jemanden verdient, der dir das mindestens einmal pro Stunde sagt, nicht einmal im Monat.

- Interpretiere nicht so viel. Keep it simple und lass die Dinge laufen. Wenn du über etwas nachgrübelst, frag deinen Schwarm um Aufklärung. Eine Abfuhr ist sicher kein Highlight und nichts, was du verdient hast, aber sie ist in jedem Fall und immer besser als ein andauernder und zermürbender Schwebezustand. Lass dich unter keinen Umständen warmhalten!!! Trifft er sich mit anderen, tu es auch. Männer denken gern, dass sie der Einzige sind, der dazu befähigt ist, uns den Kopf zu verdrehen. Das stimmt nicht, liebe Männer. Auch wir finden manchmal drei oder vier Typen gleichzeitig anziehend.

- Lass dein Handy beim Feiern zu Hause! Ja, du hast richtig gelesen - lass es zu Hause liegen, wenn du ausgehst. Aber du könntest ja verpassen, dass X, Y oder Z dir schreibt? Pech gehabt, du bist Single und X, Y oder Z werden dir auch nochmal schreiben, wenn es ihnen wichtig ist. Du wirst merken, wie sehr dich das beflügeln wird! Du wirst viel offener und erhöhst deine Chancen Mr. A nicht zu verpassen, weil du mit X, Y oder Z schreibst.

- Fang nicht aus Verzweiflung und nur, weil du nicht länger alleine sein magst, halbherzige Geschichten an. Erstens führt das nur selten zum Erfolg, zweitens es ist noch demütigender, einen Korb von jemanden zu bekommen, den du nicht einmal aufrichtig begehrst und drittens bist du ein Herzmensch und suchst nach Liebe und nicht nach einer Zweckgemeinschaft. Sei stets und immerzu ehrlich mit dir selbst und deiner Gefühlswelt - das heißt nicht, dass du jemanden, bei dem nicht gleich und sofort dein rosaroter Blitz eingeschlagen hat, keine Chance geben sollst, aber spiele nichts vor. Ja, gib ihm die Chance, dich kennenzulernen und ja, gebt euch die Chance, dass sich möglichenfalls etwas entwickelt, aber belüge dich niemals selbst.

## Schreckgespenst aus England

Hätte ich aus meinen Fehlern gelernt und von Tinder ein für alle Mal die Finger gelassen, wäre es zu dieser Begegnung nie gekommen. Und das wäre auch besser so gewesen.

Hui Buh, der, um es mal vorweg zu nehmen, mehr buh als hui war, lächelte mit seinen blonden gepflegten und absichtlich so gestylten Strubbel-Haaren freundlich in die Kamera. Besonders gut gefiel mir sein Kleidungsstil. Er wirkte etwas schnöselig, aber genau das mag ich normalerweise an Männern - ja, normalerweise. Wir verabredeten uns in Dortmund, obwohl er sehr weit weg wohnte und einige Kilometer für mich zurücklegen musste. Ich bat ihm an bis zur Mitte zu kommen, aber ganz der Gentleman, der er zu sein schien, wollte er mir den weiten Weg nicht antun und zu mir kommen. Wir trafen uns, selbstverständlich und dem Himmel sei Dank, nicht bei mir zu Hause, sondern in einer Bar in der Innenstadt.

Das große Übel nahm schon seinen Lauf, als ich ihn sah. Als er mir entgegenkam, hätte ich schwören können, dass er das nicht ist. Er war viel kleiner als es auf den Bildern schien. Ich bin nicht gerade mit dem Riesen-Gen meines Papas gesegnet (dafür mit dem Zwergen-und-dicke-Oberschenkel-Gen mütterlicherseits, danke Mama!), aber er hatte es geschafft, mich größentechnisch noch zu unterbieten. Außerdem schien mir sein Gesicht nicht ganz so ästhetisch wie auf den Bildern, es wirkte irgendwie zerknautschter und nicht so freundlich und offen wie auf seinem Profilfoto. Aber er war so weit gefahren und es zählt ja nicht nur das Äußere. Beim Schreiben wirkte er wirklich nett und ich wollte ihn auf keinen Fall direkt wieder nach Hause schicken. Also gingen wir in eine Bar in der Nähe. Besser wäre es gewesen, ich hätte ihn direkt nach Hause geschickt.

Hui Buh: „Was willst du trinken? Ich lad dich ein!"

Ich: „Ehm, ich glaube, ich nehme einen Tee. Ich kränkel ein bisschen. Und du?" (Es war wohlgemerkt Winter!)

Hui Buh: „Ein Bier! Warum trinkst du denn keine Weinschorle?!"

Ich: „Es ist ja noch fast morgens. Außerdem mag ich nicht so gerne Wein." (Das stimmte bis dahin tatsächlich. Mein Weinkonsum hat sich linientreu mit meinem Liebesunglück gesteigert.)

Hui Buh: „Jedes Mädchen mag Wein!"

Ich: „Naja ich eben nicht."

Hui Buh: „Na toll, du bist ja langweilig!"

Wenn er schon so klein war, hätte er ja wenigstens mal nett sein können! Aber nachdem wir eine Stunde darüber philosophierten, oder sogar fast schon stritten, warum ich wohl keinen Wein mochte, wurde es immer schlimmer.

Hui Buh: „Aha! Du isst also kein Fleisch?! Warum das denn bitte nicht?"

Ich: „Ich habe mal als Journalisten gearbeitet und gesehen, wie es hinter den Kulissen zugeht. Seitdem will ich das einfach nicht mehr essen!"

Hui Buh: „Jaja, du bist doch nur so eine, die das wegen des Trends wegen macht, weil es gerade in ist."

Ich: „Nein, eigentlich nicht. Aber wenn du meinst..."

Hui Buh: „Was ist, wenn wir um etwas wetten und du dann Fleisch essen MUSST?"

Ich: „Na, da würde ich mich nicht drauf einlassen."

Hui Buh: „Ich bin kurz davor, dich festzuhalten und dir mit Gewalt Fleisch in deinen Hals zu stopfen und dich zu zwingen, es runterzuschlucken!!!"

Hmhm, das war ja gar nicht gruselig und angsteinflößend. Vor allem der passiv aggressive Unterton gefällt einem dabei. Erst recht beim ersten Date! Und ja, ich bin mir bis heute sicher, dass es kein Witz war.
Hui Buh: „Und?! Machst du Sport?"
Ich: „Habe ich ganz lange. Ich war Leistungssportlerin, aber ich habe eine Knieverletzung und darf jetzt nichts mehr machen."
Hui Buh: „Dann würde ich trotzdem Sport machen..."
Ich: „Naja, vielleicht nicht unbedingt, wenn du dann anstatt mit 45 schon mit 22 ein neues Kniegelenk brauchst..."
Hui Buh: „An deiner Stelle würde ich mich umbringen. Ich könnte nie ohne Sport leben. Na los, bring dich um!"
Ich habe dann darauf bestanden zu zahlen und zu gehen und er war einverstanden. Ich dachte, er hätte zugestimmt, weil er es genauso furchtbar fand wie ich, das war jedoch ein Irrglaube. Er bestand darauf, noch durch die Stadt zu gehen. Warum auch immer, ich habe es nicht abgelehnt. An dem Tag habe ich mehr denn je gelernt, dass man nicht immer freundlich sein sollte. Dass man manchmal sogar gar unfreundlich und gemein sein muss, um sich schlimme, oder sogar unerträgliche, Dates zu ersparen.
Hui Buh bekam auf einmal Hunger und wollte unbedingt etwas essen gehen. Alles was ich vorgeschlagen habe, gefiel ihm jedoch nicht. Vapiano - nein. Alex - nein. Maximilian - nein. Sausalitos - nein. Pizza - nein. Salat - nein. Nudeln - nein. Aha. Also Sushi. Warum Sushi? Jaaa, weil der Sushi-Laden ganz in der Nähe meiner Wohnung war (ungeschickterweise hatte ich das mal in einem Nebensatz am Anfang des Treffens erwähnt) und das gute Schreckgespenst das Sushi unbedingt in meiner Wohnung essen wollte. Unbedingt! Herausgefunden habe ich das

erst auf dem Weg zum Sushi-Laden und habe direkt wieder kehrtgemacht. Um Hui Buh so weit wie möglich von meiner Wohnung weg zu lotsen, schleppte ich ihn in das teuerste, aber immerhin am weitesten entfernte Sushi-Restaurant Dortmunds, das, was zu meiner Verteidigung, aber wirklich gut ist. In mir sträubte sich alles und ich stürmte direkt zur Toilette, um meine Freundinnen um Hilfe zu bitten. Nachdem diese mir gut zugesprochen hatten, wieder zurückzugehen und so schnell wie möglich zu verschwinden, nahm ich alles, was ich an Selbstbeherrschung besaß und setzte ein nettes Lächeln auf. Ich deutete mehrfach schon mal vorsichtig an, dass ich gleich losmüsste. Hui Buh wollte aber unbedingt vorher noch etwas essen- und zwar nicht alleine. Um mich ohne große Diskussionen und so schnell wie möglich aus den Klauen des Teufels zu befreien, stimmte ich zu und bestellte mir eine kleine, viel zu teure, Portion. Leider hörte Hui Buh auch beim Essen nicht auf zu reden.
„Also ich war auf einem Internat. Auf einem Schloss in England. Das war so hart, dass die Mädchen da alle Bulimie hatten. Die haben immer gekotzt. Die wollten halt nicht fett werden. Naja, und es war so hart, dass sie dem Druck nicht anders Stand halten konnten, außer immer zu kotzen. Wir Jungs haben uns immer nur geschlagen. Aber ich war einer von den Coolen. Nachdem ich ein Jahr da war, habe ich auch immer nur andere verprügelt.“ - Ach so, ja genau, du Zwerg. Kindergartenkinder hast du vielleicht verprügelt.
„Aber das Internat macht sich richtig gut auf dem Lebenslauf. Da sind nur Reiche und Adelige gewesen. Das war eine Art Militär-Internat. Es war die schlimmste und die beste Zeit meines Lebens. Ich will auch wieder in England arbeiten. Mein Vater hat da schon eine Stelle für

mich klargemacht.“ – Ja, okay, cool. Flieg doch am besten jetzt gleich los.

Hui Buh bestand darauf, die Rechnung zu übernehmen. Er ließ es sich nicht ausreden. Ich wollte es auf gar keinen Fall, weil ich von Anfang an wusste, dass er eine Gegenleistung dafür verlangen würde. Und genauso war es auch.

Ich habe dann so getan, als müsste ich dringend zu meinem Vater, als hätten wir große Familienprobleme und ich müsste jetzt sofort dahinfahren, sonst würden wir nie wieder miteinander reden und der Familienfrieden würde von diesem Treffen abhängen. Hui Buh erzählte daraufhin, dass er mal ein Mädchen mit nach Hause gebracht hätte und die eine Leggings getragen hatte. Daraufhin hat sein Vater sie als Schlampe bezeichnet und sie rausgeworfen. Er würde sich schließlich auch nicht gut mit seinen Eltern verstehen, da sollte mir das auch nicht so wichtig sein - jetzt wusste ich auch, warum er unbedingt nach Dortmund kommen wollte. Er wollte unbedingt Sex bei einem von uns zu Hause und bei ihm ging es definitiv nicht.

Langsam verflüchtigten sich meine Höflichkeit und meine gute Kinderstube und ich machte mehr als deutlich, dass ich jetzt wirklich gehen will. Eskaliert ist es dann, als Hui Buh mich an der Hüfte packte, mir mein Handy wegnahm und meinen Vater anrufen wollte. Er wollte meinem Papa ernsthaft erklären, dass ich gerade das beste Date meines Lebens hatte und jetzt unmöglich fahren könnte. Wutentbrannt entriss ich ihm mein Telefon und meine guten Manieren waren nun endgültig vergessen. Ich sagte nur noch Tschüss und eilte schnellen Schrittes davon. Er hat noch mehrfach geschrieben, wann wir uns wiedersehen, aber ich habe nie geantwortet. Noch so einen Tag hätte ich nämlich niemals überstanden.

Hui Buh habe ich natürlich nie wiedergesehen, bereuen tue ich das Date trotzdem nicht. Denn dadurch habe ich gelernt, dass man direkt gehen sollte, wenn man sich sicher ist, dass es nicht passt. Man verlängert das Leiden auf beiden Seiten sonst nur.

## Herz oder Klitoris?

Männer und Frauen ticken in vielerlei Hinsicht unterschiedlich, manchmal jedoch ebenso beängstigend gleich. Hui oder Buh? Die Anekdote von dem gruseligen Schreckgespenst verdeutlicht diverse Unterschiede, in diesem tragischen Fall kommt es weder zu einer körperlichen noch seelischen Vereinigung.
Manchmal funken zwei Menschen nicht auf allen Kanälen im Gleichklang, aber hinreichend, um miteinander zu schlafen. Manchmal lassen wir unsere Klitoris Entscheidungen treffen, und da wir mit entschiedener Gewissheit darum wissen, dass dieser Ratgeber von tausenden männlichen Leser gelesen wird (Hallo, du aufgeschlossener Mann!), möchten wir näher auf diesen Konflikt eingehen.
Wenn wir einem Mann begegnen, der uns gefällt, stellen wir uns zwei Fragen. Wann werde ich mit ihm schlafen, und wie gut wird es werden? In dieser Hinsicht ticken Männer und Frauen ähnlich - manchmal kribbelt es direkt zwischen den Beinen, und wir würden am liebsten direkt über euch herfallen!
Wir wollen unvergesslichen Sex, und meistens wollen wir euer Herz on Top! Was wir allerdings immer on Top wollen, sind Respekt und Anstand. Wir finden es spannend und aufregend, euch kennenzulernen, um dann irgendwann selbst zu entscheiden, ob wir euch weiterhin mögen oder nicht - wenn ihr darauf keine Lust habt, bildet Sex kein Freifahrtschein für asoziales Benehmen.
Wir möchten unbedingt - und das ist eine Herzensangelegenheit - näher darauf eingehen, wie ihr auch mal unverbindlichen Sex bekommt, ohne dass wir euch danach zerstückeln wollen, und was ihr am besten tut, wenn es euch danach verlangt, unser Herz zu erobern.

## 10 Wege, um das Herz einer Frau zu erobern

Widmen wir uns zunächst unserem Herzen! Vorab: Unsere Ratschläge sind kein Garantieschein für die Liebe. Vielmehr sind es dezente Hinweise, die wir als hilfreich erachten, wenn eine Frau deine Gedankenwelt einnimmt, und du nicht weißt, wie zur Hölle du dieses wundervolle Geschöpf schnellstmöglich vor den Traualtar zerren kannst.

Ebenfalls vorab: Am meisten punktest du mit dir selbst, denn Grundvoraussetzung für jegliches Näherkommen sind gegenseitige Anziehung und Schmetterlinge im Bauch! Du kluger Mann willst ja aber unbedingt das Herz deiner Angebeteten on Top, und sie nur für dich allein haben? Dann befolge die unten stehenden Tipps und du gehst den ersten Schritt in die richtige Richtung.

### Blumen, Wein & Pralinen

Nein, nein, keine Sorge! Du musst nicht dein ganzes Portemonnaie plündern und uns beim ersten Date mit kleinen Geschenken überhäufen! Aber wie wäre es mit einer kleinen Aufmerksamkeit? Ein Überraschungsei, das du auf unserer Fußmatte platzierst, ein Zettel an der Windschutzscheibe oder ein Minnegesang samt Gitarrenbegleitung bei Mitternacht! Eine einzige Sonnenblume (kein Strauß Rosen beim ersten Date - zu viel ist zu viel) oder eine Flasche Hugo aus dem Supermarkt, die ihr bei einem gemeinsamen Spaziergang gemütlich auf einer Bank köpft (Vorsicht: Plastikgläser nicht vergessen). Sei romantisch und unser Herz wird es dir danken!

### Humor

Bring uns zum Lachen, denn nichts wird ihr Herz so schnell im Sturm erobern wie dein Humor. Gern gesehen sind auch Ironie und Sarkasmus, aber nur, wenn du beides fließend beherrschst, und über hinreichend Empathie verfügst, um Beleidigungen auszuschließen.

**Zärtlichkeit**

Unauffällige Berührungen, kleine Umarmungen, das Halten ihrer Hand. Auch bei euren ersten Dates ist ein bisschen Körperkontakt gern gesehen. Überrumpel sie nicht, aber zeig ihr, dass du sie magst. Jeder Kontakt wird ihr Herz höher schlagen lassen. Für uns macht es einen Unterschied, wie ihr uns behandelt und noch einmal: Das Zauberwort heißt Aufmerksamkeit. Frauen lieben männliche Begierde, Umschwärmen und Flirten! Schenke uns dich und wir schnurren wie ein zufriedenes Kätzchen! Für wie lange, entscheidet die Zeit!

**Schau ihr in die Augen, Kleiner**

Kaum etwas ist romantischer als langer, intensiver Blickkontakt. Nicht umsonst sagt man, die Augen sind der Spiegel zur Seele.

**Be a Gentleman**

Natürlich können wir die Autotür alleine öffnen, ohne uns den Fingernagel abzubrechen und uns macht es auch nichts aus, wenn wir uns selbst oder sogar dir die Tür aufhalten. Dennoch fällt jeder Frau gutes Verhalten direkt ins Auge und erleichtert ihr und dir den Höhenflug auf Wolke Sieben.

**Zeig (oder notfalls: heuchle) Interesse**

Ihr größtes Hobby sind Pferde und sie besitzt auch noch gleich drei Stück davon? Oder sie und ihre beste Freundin schenken sich jedes Jahr zum Geburtstag Karten fürs Ballett? Das sind vielleicht nicht deine Lieblingsthemen, aber es ist doch wunderschön, wenn die Augen deiner Angebeteten vor Begeisterung leuchten. Hör ihr zu, stell Nachfragen, zeig dich interessiert. Wer weiß: Wenn du Hotte, Hüh und Pegasus erstmal kennenlernst, verliebst du dich in die Haferlokomotiven vielleicht genauso wie in ihre Besitzerin. Und glaub uns: Früher oder später musst du ohnehin mit jedem Mädchen ins Ballett!

**Putz dich heraus**

Du sollst dir natürlich keinen nagelneuen Hugo Boss Anzug für euer erstes Date kaufen, aber der alte Kapuzenpulli, auf den du bei jedem Fernsehabend Käsesauce kleckerst, muss es auch nicht sein. Wenn du so gar kein Händchen für Mode hast, frag ruhig deine Schwester, eine gute Freundin oder deine Mutter. Wichtig ist: Geh definitiv vorher duschen (das gilt auch für Golftrainer)! Auch, wenn sie den Unterschied nicht merken würde, du selbst wirst dich viel frischer und lebendiger fühlen. Mach dir deine Haare und zieh etwas Schickes an, in dem du dich wohl fühlst. Merke: It's better to be overdressed than underdressed!

**Sei kreativ und gib den Ton an**

Es gibt nichts Schlimmeres, als sich auf ein Date zu freuen, sich zu treffen, sich zu herzlich zu begrüßen und dann nicht zu wissen, was man machen soll. Dates in Restaurants oder Cafés sind auf Dauer langweilig und zudem ziemlich kostspielig. Außerdem ist man gezwungen, sich die ganze Zeit zu unterhalten, damit keine peinliche Stille aufkommt. Also schreite zur Tat: Besorg Karten für einen Poetry-Slam, reservier Plätze für euch bei einer Cocktailtour (Achtung, nur, wenn sie nicht von weiter weg kommt und nicht noch mit dem Auto nach Hause muss), such einen Film im Kino aus oder fahr mit ihr in eine Trampolin- oder Kletterhalle. Hauptsache, deine Einfälle sind kreativ und hinterlassen einen bleibenden Eindruck.

**Ruf sie an**

Nachdem ihr euch kennengelernt oder das erste Mal getroffen habt, greif zum Hörer und ruf sie an! Frag sie, ob sie gut nach Hause gekommen ist und ob ihr euch nochmal wiedersehen werdet. Du denkst, ihr bei Whatsapp zu schreiben sei das Gleiche? Irrtum! Telefonieren ist heute eher „out“, die wenigsten deiner Mitstreiter werden sich die Mühe machen, einen persönlichen Anruf zu tätigen. Sie wird merken, wie viel dir an ihr liegt und deine Bemühungen zu schätzen wissen.

**Optional: Lad sie ein**

Der letzte Punkt ist optional und ganz dir überlassen. Dennoch wirst du Pluspunkte sammeln, wenn du sie bei einem eurer Dates einlädst. Und zwar nicht, weil sie dich ausnutzt und sich nur mit dir trifft, damit sie kostenlos essen und trinken kann, sondern weil sie dann merkt, dass es sich definitiv um ein wahrhaftiges Date und nicht um ein Freundschaft-Plus-Nicht-Beziehungs-Treffen handelt. Wenn du nicht viel Geld hast, dann zahl einfach ihre Cola Light beim Bäcker oder einen Glühwein auf dem Weihnachtsmarkt. Wenn sie die Richtige ist, wird sie ohnehin selbst bezahlen wollen (dann lass es aber nicht zu!) und sich demnächst revanchieren.

## 10 Wege, nur Sex zu bekommen OHNE ihr Herz zu brechen

Kommen wir nun im Detail zu den besagten neuen Gesellschaftsformen wie Freundschaft-Plus, Nicht-Beziehung, und Co. Bei Zusammenkünften dieser Art steht der Sex im Vordergrund, und da du ein Mann bist, wirst du wahrscheinlich eine dieser Arten sicher hin und wieder für dich in Anspruch nehmen wollen.
Die gute Nachricht: Wir sind dem nicht grundsätzlich abgeneigt. Ja, auf lange Sicht erstreben wir die einzig wahre, tiefgründige große Liebe und eine romantische Beziehung, aber wenn wir eine Vielzahl an Abenden in Begleitung von einem Nutella-Glas oder Ben&Jerry's Peanut-Butter-Cup-Eis auf der Couch verbracht haben, steht uns auch durchaus mal wieder der Sinn nach versautem dreckigen Sex im schwarzen Negligé. Von hinten und samt fingerfertigem Feinschliff.
Für uns schließt sich versauter Sex und Verlieben nicht aus, wenn du aber zu der Sorte Mann gehörst, die in der Steinzeit tickt, dann bitten wir höflich um Reflexion unserer Ratschläge - im Sinne der Menschlichkeit. Im Endeffekt oder am Ende des Stöhnens musst du wissen, was du erobern willst: Herz oder Klitoris? Keine einfache Entscheidung, denn oftmals sagt unser Herz „Hello", und unsere Vagina spricht französisch. C`est la fucking vie!

### Schimpfe uns Madame

Wir mögen Sex mit Niveau und Stil! Auch wenn es klar ist, dass es hier nur um Sex geht, gib uns nicht das Gefühl, eine Nutte zu sein. Nach dem Sex direkt abhauen? Don`t do that. Geld hinlegen? Der Teufel soll dich holen! Ja, du kriegst deinen unverbindlichen Sex, aber wenn du willst, dass wir keine kleinen Pakete für deine Einzelteile ordern, behandle uns danach nicht wie einen dreckigen, benutzten Putzlappen, den du einfach nach erfolgreich getaner Arbeit wegwirfst. Steck uns behutsam in die Waschmaschine, dann sind wir wieder rein gewaschen für den Nächsten.

**Sei ehrlich**

Spiel mit offenen Karten! Du hast Angst, dann keinen unverbindlichen Sex mehr zu bekommen? Im Gegenteil - wenn du uns für einen kurzen Moment das Gefühl gibst, etwas Besonderes zu sein, dann lassen wir uns in bestimmten Phasen unseres Lebens darauf ein, ohne dass wir dich am Schopf zum Standesamt zerren.

**Sei rücksichtsvoll, und offen für Gefühle**

Teile eine Freundschaft mit deiner Gespielin, aber erwecke keine falschen Hoffnungen. Hör ihr zu, wenn sie Liebeskummer wegen ihres Ex-Freundes hat - auch du kannst ihr erzählen, wenn du traurig bist, weil deine Beziehung in die Brüche gegangen ist. Im Optimalfall bedeutet ihr euch so viel, dass ihr euch vertrauen und miteinander reden könnt, aber nie genug, um eifersüchtig zu sein oder Ansprüche zu stellen. Nichtsdestotrotz: Sei offen für potentielle Gefühle fernab von Geilheit. Vielleicht entwickelt sich ja doch mehr aus dem heißen Beischlaf, als sich am Anfang vermuten lässt.

**Spiel keine Spielchen**

Behandle sie mit Respekt. Nur, weil es nur Sex ist, heißt das nicht, dass du ihr kurzfristig absagen oder sie respektlos behandeln darf. Es nervt dich, dass sie dich dauernd bei Whatsapp volltextet, als ob ihr ein verliebtes Pärchen wärt? Dann sag ihr das in einem persönlichen

Gespräch - und zwar freundlich und behutsam! Setze klare Grenzen, und teile diese unmissverständlich mit!

**Vögel temporär monogam**

Wenn möglich: Belasse es bei **einer einzigen** Nicht-Beziehung. Denn irgendwie ist es ekelig, wenn du deinen Dödel am Montag in Lisa, am Dienstag in Anna und am Mittwoch in Simone steckst. Außerdem bist du dann ein leibhaftiger Schlampo und ziehst vermutlich den Hass mindestens einer der Haremsdamen auf dich. Verletzte Frauen sind immer gefährlich.

**Agier konsequent**

Sei dir bewusst, dass diese Liaison sofort und mit eiserner Konsequenz beendet werden muss, sobald sie Gefühle entwickelt. Auch wenn du danach noch so oft betonst, dass es für dich nur Sex ist, wirst du ihre Hoffnungen aufrecht erhalten, wenn du weiter mit ihr schläfst. Wenn du keine Gefühle für sie hegst, sie sich aber eine Beziehung wünscht, zieh weiter und erkläre ihr, warum. Ignoranz ist absolut das Mieseste, was du einer Frau antun kannst. Es ist feige und unhöflich, besonders wenn du sie noch letzte Nacht mit Küssen übersät hast. Sei ein Mann: Eine kurze, klare Abfuhr wirkt Wunder und ist eine Frage der Ehre. Falls du keine Eier hast, kauf dir welche! Na, ja - eigentlich hast du sie ja vom lieben Gott geschenkt bekommen, also nutze sie nicht nur zum Schaukeln.

**Bleib konsequent**

Sei dir ebenso bewusst, dass du die Freundschaft (auch ohne Sex) mit der gleichen eisernen Konsequenz beenden musst, sobald eine Frau in dein Leben tritt, die dir etwas bedeutet. Kaum ein weibliches Wesen wird eine ehemalige Bettgespielin in deinem Freundeskreis dulden und an dieser Stelle solltest du versuchen, die fairste Lösung für alle Beteiligten zu wählen. Und die kann nur darin bestehen, den Kontakt zu deiner ehemaligen Affäre abzubrechen, auch wenn es schmerzt. Die Frau, in die du dich verliebt hast, hat Priorität und sollte die einzige sein, der du ab nun deine Aufmerksamkeit schenkst. Auch deine frühere Freundin mit gewissen Vorzügen hat es nicht verdient, in zweiter Reihe auf dich zu warten und zu hoffen, dass aus euch vielleicht doch noch ein Paar wird. Deshalb kläre die Verhältnisse und triff eine Entscheidung.

**Vermeide Dramen**

Integriere sie besser nicht in deinen Freundeskreis. Geht eure Affäre länger, wird auch sie sich mit deinen Freunden anfreunden und mit einer großen Wahrscheinlichkeit werden sie sie mögen, weil sie ja so locker drauf und lustig ist. Wenn dann das große Aus zwischen euch kommt, weil einer von euch sich doch verliebt hat oder du jetzt eine andere feste Freundin hast, könnte es zu Problemen kommen. Worst Case Szenario Nummer 1: Sie ist beleidigt und fängt etwas mit einem deiner Freunde an. Worst Case Szenario Nummer 2: Sie versucht, über deine Freunde im Freundeskreis zu bleiben - gar nicht zur Begeisterung deiner neuen Angebeteten! Worst Case Szenario Nummer 3: Deine Freunde mögen sie mittlerweile genauso gern wie dich und wissen nicht, für wen sie sich entscheiden sollen.

**Keine Dates**

Dates sind bei einer Freundschaft-Plus absolut tabu. Wir sagen das nochmal, weil es wichtig ist: Wenn es dir ausschließlich um Sex geht, kommuniziere das deutlich und entsende keine falschen Signale! Das Risiko, dass deine Gespielin sich in dich verliebt und denkt, du hast doch ernste Absichten, steigt mit einem Besuch beim schicken Thailänder, der so teuer ist, dass du da eigentlich nicht mal mit deiner festen Freundin hingehen würdest.

**Beweise Empathie**

Wenn wir irgendwann, entgegen all der Vorsicht und Behutsamkeit, die du verinnerlicht und angewendet hast, doch mehr wollen, tu nicht so, als wären wir geisteskrank. Liebe ist ein gesundes Bedürfnis, und du solltest es als Kompliment ansehen, dass uns erstens der Sex wahnsinnig zusagt, und DU einfach Lust auf mehr machst!

## Offene Fenster und Schlagseite

Der Vorteil von Tinder ist, dass man lustige und skurrile Dategeschichten erzählen kann.
Gesagt, getan. Ich verabredete mich zu einem Date mit Herrmann. Der Name!
Herrmann - klingt ein wenig wie der Name eines Großvaters. Oder Urgroßvaters. Die Bilder hingegen verhießen einen perfekten Schwiegersohn. Blaues oder weißes Hemd, stets den Pulli über die Schultern gehangen und ein freundliches Zwieback-Lächeln.
Optisch und kleidungstechnisch erinnerte mich Herrmann an einen meiner Ex-Freunde, was mich ein klein wenig voreingenommen an die Sache herangehen ließ. Ich verspürte und verspüre gewisse Antipathien gegen spießige, verstockte und kapitalistisch ausgerichtete Lebensweisen, aber ich wollte mich nicht von meinen Vorurteilen lenken lassen.
Herrmann hatte eine Chance verdient, denn Herrmann hatte stets wirklich sehr nett und niveauvoll Konversation mit mir betrieben.
Da ich den Ort aussuchen durfte, ging es in einen amerikanisch ausgerichteten Burgerladen. Da konnte man ganz entspannt abchillen, und man konnte entweder nur was trinken, aber auch `ne Kleinigkeit essen - zu diesem Zeitpunkt war ich etwas besser bei Kasse und ich plante, mein Essen selbst zu bezahlen.
In Anbetracht meiner Vorurteile, die sich leider nicht gänzlich eindämmen ließen, führte ich vor diesem Date ein Telefonat mit einer eingeschworenen Freundin. Mitsamt Zorn erzählte ich ihr von meinen Bedenken in der Hoffnung auf tröstende Worte.

„Weißt du was, wenn das wirklich so ein spießiger Klugscheißer sein sollte, dann sagst du einfach, deine Fenster stehen offen und es sieht nach Regen aus. Du wohnst schließlich in einer Dachgeschosswohnung mit Schlagseite."

„Tue ich das?"

„Ja, für Herrmann ja!"

Ich war etwas beruhigt, ich fand das einen plausiblen und gut ausgetüftelten Fluchtplan.

Herrmann war vorher beim Schreiben, welches dieses Treffen zustande kommen ließ, ein wenig merkwürdig. Er fragte mich, ob wir was trinken gehen und wenn es nett sein würde, könnten wir ja auch was essen. Vermutlich hatte er schon viele Frauen wie mich, die sich gerne einladen lassen, getroffen. Armer Herrmann.

Herrmann sah in Natura halb so attraktiv aus wie auf den Bildern. Diese Taktik verstehe ich nicht so recht. Das reale Erscheinungsbild kommt doch sowieso bei einem Treffen ans Tageslicht, weshalb dann vorher schummeln mit dem Verschicken von überbelichteten Superman-Fotos?

Wenigstens war er seinen Outfits treu geblieben. Hemd und Pulli, lässig vereint. Und Timberlands. Wo versteckt dieser Mann sein Segelboot?

Da ich nur bedingt oberflächlich bin, hatte Herrmann nach wie vor eine Chance verdient.

Die erste Begegnung. Der erste Blick. Die erste Entscheidung.

Nein, bei Herrmann und mir hatte nicht der Blitz eingeschlagen. Im Gegenteil - ohne ihn auch nur ansatzweise zu kennen, sagte mir mein Bauchgefühl: NEIN.

Mein Bauchgefühl ist für gewöhnlich ein sehr verlässlicher Freund und bei dieser Begegnung mit Herrmann polterte es regelrecht. Unsere Kommunikation bestand bis hierhin

nur aus einer Begrüßung und ich verspürte große Skepsis und Antipathie.
Er ist nicht dein Ex-Freund, holte ich mich selbst wieder runter!
Herrmann und ich unterhielten uns circa zehn Minuten. Auszüge gefällig?
„Ist das nicht ein bisschen unsicher, so planlos von einer Abfindung zu leben?“
„Weshalb?“
„Na ja, wenn du mal ein Haus bauen willst, gibt dir keine Bank einen Kredit.“
„Ich will gerade kein Haus bauen.“
„Ja dasselbe, wenn du ein neues Auto brauchst...“
„Ich brauche auch grad kein neues Auto...“
„Ja und wenn du morgen `nen Unfall baust? Dann brauchst du eins und deine ganze Finanzplanung geht den Bach runter...“
„Ich liebe Bus und Bahn...“
„Witzig!“
„Fand ich auch!“
„Im Ernst - mein Bruder ist Pokerspieler und der ist auch schon ein paar Mal so richtig auf die Fresse geflogen.“
„Erzähl!“
„Ja, der tingelt durch Australien und manchmal lebt der echt an der Armutsgrenze, aber er lernt auch nix dazu. Spielsüchtig ist der, immer auf der Jagd nach dem großen Wurf...“
„Vielleicht gelingt er ihm ja eines Tages?“
„Im Leben nicht!“
Irgendwann klingelte Herrmanns Telefon. Er entschuldigte sich - das sei sein Arbeitskollege und da müsse er unbedingt kurz drangehen, weil sie etwas wegen einer anstehenden, sehr bedeutsamen Dienstreise zu klären hat-

ten. Herrmann telefonierte also fortan und ich schrieb derweil mit meiner Freundin.

„Der Typ geht gar nicht...“

„Wieso?? Was macht Herrmann?“

„Mich die ganze Zeit belehren und seinen Stock im Arsch warten.“

„Herrmann!;) Der Name...“

„Der Name ist Programm;)“

„HERRMANN!!!!!!!!!!“

„;) Ich würde lieber wissen, wie sein Bruder heißt.“

„Wieso?“

„Der scheint cool zu sein;)“

„Wieso?“

„Spielt Poker in Australien.“

„Cool! Frag HERRMANN nach der Nummer;)“

„;)“

„HERRMANN!!!“

„;)“

„Ist der grad auf Toilette?“

„Nö - wieso?“

„Weil du die ganze Zeit chatten kannst!!!!“

„Der telefoniert;)“

„Dein Ernst?“

„Ja;)“

„Du veräppelst mich?“

„NEIN!“

„Was ist denn mit ihm?“

„Gute Frage - nächste Frage.“

„Es sieht nach Regen aus...“

„Meinst du?“

„Aber hallo! Platzregen und Hagel!“

„Oh, das doof, weil hab meine Fenster offen und wohne in `ner Dachgeschosswohnung.“

„Mit Schlagseite?;)“

„Aber sowas von!"
„;)"
„Ab nach Hause!"
„Ich hab dich lieb!"
„Ich dich mehr!"
Herrmann telefonierte immer noch und es waren keine Signale zu erkennen, welche eine Änderung dieses Zustandes annehmen ließen. Herrmann machte keinerlei Anstalten, dieses überaus wichtige Telefonat zu verkürzen.
Ich starrte ihn ein paar Minuten lang an. Ich trank meinen Kaffee demonstrativ aus. Ich starrte wiederum. Es half alles nichts. Herrmann telefonierte.
Ich guckte demonstrativ aus dem Fenster und sagte laut:
„Oh, Mist, verdammte Kacke!"
„Was ist los?"
Nun hatte ich Herrmanns Aufmerksamkeit.
„Ich muss sofort los, das sieht nach Regen aus und hab` meine Fenster nicht zu gemacht."
„Ach, da passiert nichts..."
„Doch - wohne im Dachgeschoss mit Schlagseite."
Dann legte ich drei Euro auf den Tisch und zog meine Jacke an.
„Aber wollten wir nicht noch was essen?"
„Ich kann dir den Chicken-Hawaii Burger empfehlen."
Dann war ich weg. Und darüber war ich echt froh, denn ich freute mich tierisch auf meine Couch, eine Tiefkühlpizza und das sonntägliche Fernsehprogramm. Im Fall HERRMANN fand ich es irgendwie schöner, meine Zeit alleine zu verbringen.

## Einblicke ins Männergehirn

Wie du gemerkt hast, bist du nicht die Einzige, die sich mit Idioten herumschlagen muss (sicher war Hui Buh am anderen Ende der Leitung von Herrmann). Die Suche nach dem Traummann ist kein Zuckerschlecken, und auch deine Reise wird von jenen schrecklichen Dates begleitet werden, die man am liebsten ausradieren würde. Dennoch erhalten Dates mit Herrmann und Co. ihre Berechtigung (wenngleich getarnt), denn sie schärfen Sehnsucht und Verstand.

Dein Verstand ist ein wichtiger Teil auf deiner Reise zum glücklicheren Single, denn er beeinflusst, wie du dich fühlst. Umdenken erfolgt im Kopf, und lästiges Selbstmitleid kann man fortjagen. Bis hierhin hast du eine Menge gelernt, besonders, wie du dich in den verschiedenen Phasen deines Singlelebens motivieren kannst. Dir sind intimste Geheimnisse deiner Leidensgenossinen vertraut, und wir haben unseren männlichen Lesern aufgezählt, worauf wir beim Kennenlernen jeder Art Wert legen.

Was Männer allerdings selbst über das ganze Thema denken, weißt du noch nicht! Da dieser Singleratgeber nun einmal von zwei charmanten, liebevollen Leidensgenossinnen geschrieben wurde, bieten wir dir an dieser Stelle den Einblick in die Gedankenwelt von exemplarischen Exemplaren der Traummänner-Fraktion.

## 10 Dinge, die einem Mann bei Dates wichtig sind

Diese Dinge sind leider ebenfalls keine Anleitung zum Verlieben, sondern wiederum Gedankenanstöße zum besseren Verständnis des anderen Geschlechts. Zu diesem Zweck haben wir diverse Männer befragt. Wir glauben, die Erfinder von Tinder wissen gar nicht, wie gut sich diese App als Recherche-Tool eignet - aber keine falschen Vorurteile, wir haben uns ebenso in unserem privaten Umfeld schlau gemacht.
Weshalb wir an dieser Stelle nicht „10 Wege, das Herz eines Mannes zu erobern?“ präsentieren? Ladys - wir müssen doch sehr bitten! Wir sind die wundervollsten Geschöpfe auf Erden - nach Katzen- und Hundebabys - und um das Herz eines Mannes zu erobern, genügt eine Sache - und zwar ein Blick in unsere Augen!
„10 Wege, nur Sex zu bekommen OHNE sein Herz zu brechen“ werden wir desgleichen nicht bedienen, und zwar ebenfalls plausibel begründet. Wir brechen so gut wie nie das Herz eines Mannes, nur um Sex zu bekommen. Erstens wollen wir keinen abgestumpften Sex ohne jedwede zwischenmenschliche Emotionen und zweitens ist Sex für uns anstrengungslos und so gut wie immer zu haben. Fokussieren wir uns folglich auf`s Date-Roulette!

### Gute Drinks

Alkohol trinken ist immer gut. Das lockert die Stimmung, also das hat zwei Vorteile.

1. Wenn`s gut läuft, werden die Gespräche interessanter.
2. Wenn Alkohol auch nicht hilft, hat man wenigstens noch den Alkohol.

**Natürlichkeit**
Sie soll natürlich bleiben, sich aber trotzdem hübsch anziehen.

**Gesprächsbereitschaft**
Gute Unterhaltungen sind wichtig, um sich näher kennenzulernen. Sie soll ruhig mehr erzählen, aber auch mal Fragen stellen. Aber nicht zu viel vom Ex erzählen!

**Emanzen bevorzugt**
Zahlen muss die Frau selbst, am besten alles - also für mich auch (gilt nur fürs 1.Date).

**Authentizität**
Sie soll authentisch bleiben, und sich auch dementsprechend verhalten. Bloß nicht verstellen.

**Sympathie**
Es muss einfach passen, das Gegenüber muss sympathisch sein, egal wie sie es macht.

**Harmonie**
Es muss auch harmonisch sein.

**Lachen**
Es ist wichtig, dass viel gelacht wird. Lachen kann man nur schwer vortäuschen. So erkennt man gut, ob man einander wirklich sympathisch ist.

**Entspanntheit**
Eine entspannte Atmosphäre hilft - Stress machen nervt.

**Aufgeschlossenheit**
Keine hohen Erwartungen mitbringen. Das geht meistens nach hinten los.

Ihr wollt eine Zugabe? Sollt ihr bekommen - allerdings diesmal nur von einem einzigen Mann! Wir können ja nicht die ganze Zeit Wein predigen, und dann selbst Wasser trinken. Liebe Ladys, zückt die Gläser hervor - wir haben einen trockenen Domina für euch auserwählt und zum Interview zitiert! Dunkle Beerenfrüchte, voller Dichte und Eleganz!

**Was macht guten Sex für dich aus?**
Dass er nicht teurer als 150 € ist.

**Ist es dir wichtig, dass die Frau kommt?**
Ja...sonst sitz ich ja alleine auf dem Sofa, wenn sie gar nicht kommt.

**Was findest du ehrenhafter - die Mumu oder das Herz einer Frau zu erobern?**
Ist das nicht das gleiche?

**Und was reizvoller?**
Herzen ficken sich so schlecht

**Wieso geht ihr nicht in den Puff, wenn ihr nur Sex wollt?**
Wie kommst du darauf, dass wir nicht in den Puff gehen? Natürlich gehen wir in den Puff.

**Macht Herzen brechen Spaß?**
Nein. Nur kranke Egomanen-Schweine haben daran Spaß. Niemand bricht Herzen mit Absicht.

**Wieso schmeichelt euch weibliche Zuneigung nicht? Also wieso wisst ihr sie nicht zu schätzen?**
Ich weiß das sehr wohl zu schätzen. Das ist ja das Problem.

**Wieso ist das ein Problem, dass du es zu schätzen weißt?**
Weil`s süchtig macht.

**Wieso mögt ihr es nicht, wenn Frauen sich in euch verlieben?**
Wer mag das nicht?

**Wieso fällt es euch so schwer über Gefühle zu reden?**
Auch das ist viel zu pauschal.

**Bedeutet es dir etwas, wie deine Verflossenen dich in Erinnerung behalten?**
Oh interessant. Denke schon, aber habe ich noch nie so drüber nachgedacht. Aber die meisten haben mich in guter Erinnerung behalten. Und den dicken Schwanz auch.

**Denkst du manchmal an den Sex mit deinen Verflossenen zurück? Zum Beispiel beim Onanieren?**
Nope.

**In was verliebt ihr euch? Charakter, Optik, Sex - verteile prozentual.**
Puh. Erstmal ist da Optik, dann kommt Charakter und dann Sex! Wenn das alles in der Reihenfolge funktioniert, kann man sich verlieben. Es sei denn, wir treffen uns im Darkroom und haben erst Sex.

## Sandras und Marys persönliche Insider-Tipps

Jenseits von Penissen liegt in der Kürze die Würze. Oh weih, jene Erkenntnis, die Date-Hinweise und das Interview haben dich sicher an mindestens einen deiner Verflossenen erinnert und jetzt möchtest du bestimmt am liebsten gar keine neuen Männer mehr kennenlernen - oder sogleich einen Darkroom aufsuchen. Umso besser für dich, dass wir dir, für besonders kritische Angelegenheiten und Konfliktsituationen, mit unseren persönlichen Insider-Tipps zur Seite stehen.
Wir reden hier von Momenten des Grübelns. Von Momenten, in denen du dich fragst, ob das von dir ersehnte Gegenstück überhaupt existent ist, oder nur eine perfekte Illusion in deinem Kopf. Von Momenten der Leere und Resignation. Für genau diese Momente stehen wir dir persönlich zur Seite, und zwar mit geballter Zuversicht und folgenden Tipps - selbst erprobt und für maximal wertvoll befunden. Aber nun probiere selbst und staune!

- Koche dein Lieblingsgericht, und lade deinen Liebhaber oder einen guten Freund zum Essen ein. Oder deinen netten Nachbarn - jedenfalls irgendjemanden, den du freundschaftlich gerne magst, in allergrößter Not deinen Ex-Freund. Deine Erwartungshaltung geht gerade gegen null, folglich brauchst du jetzt und ganz unbedingt Männergesellschaft! Oft will man nur das, was man nicht haben kann - und Zeit mit Männern relativiert dein akutes Bedürfnis nach Liebe. Ein Date mit einem Unbekannten birgt die Gefahr, dass es dich in deinem Gedankengut bestärkt, niemals den Richtigen zu finden. Natürlich birgt es auch die Chance, den Richtigen zu finden, aber in deiner jetzigen Verfassung braucht es einen Garantieschein, und das ist ein erbaulicher Abend mit guten Gesprächen. Oder heißem Sex.

- Sex mit dem Ex ist allerdings so eine Sache. Wir raten nur in speziellen Ausnahmefällen dazu an, aufgewärmtes Essen zu verspeisen. Erstens: Wenn du noch ein ausgeprägtes Verlangen nach seiner Nähe verspürst, und das auch nur gekoppelt mit zweitens: Wenn du keine sexuelle Alternative hast. Wenn du noch mit deinem Ex schläfst, bist du noch nicht durch mit ihm, was impliziert, dass zwischen euch noch etwas ist. Dann ab mit euch in die Verlängerung oder ins Elfmeterschießen. Doch eines muss dir bewusst sein: Nach dem Elfmeterschießen ist Abpfiff. Punkt. Ausrufezeichen! Habt ihr den Pokal geholt, herzlichen Glückwunsch! Wenn nicht, auf ins nächste Spiel!

- Selbiges gilt für Sex mit einem guten Freund oder dem Nachbarn. Überlege dir das gut, denn damit gefährdest du eure Freund- bzw. Nachbarschaft. Oftmals ist eine freundschaftliche Bindung mehr wert als ein Orgasmus - sei dir dessen zwingend bewusst, ehe du den Knopf an deiner Hose öffnest beziehungsweise öffnen lässt.

- Wenn du das alles nicht willst, dazu auch noch sowieso länger keinen Sex mit einem Mann hattest, Sex mit dir selbst nicht ausreicht und du auch nicht mehr mit den Idioten schlafen möchtest, die dich eigentlich gar nicht verdient haben, dann hilft nur eins: Alkohol! Wir wollen wahrhaftig keine Alkoholiker heranzüchten, aber Alkohol ist wirklich ein treuer und verlässlicher Freund. Verfalle jedoch nicht in Wehmut - erinnere dich lieber bei einem Glas Rotwein und im schwarzen Negligé an dein letztes aufregendes Sex-Erlebnis! Du wirst sehen, das beflügelt dich und verbannt sämtliche trüben Gedanken!

- Kauf dir selber Blumen. Das kommt dir albern vor? Tue es einfach und du wirst sehen, wie viel Freude dir diese Blumen bereiten werden.

- Wenn du dich nicht dazu überwinden kannst, erzähl einfach ständig, wie gerne du Blumen magst, und erwähne vor allem deine Lieblingssorte. Du wirst sehen, schon bald erhältst du Blumen geschenkt! Wenn nicht, verschenke selbst Blumen, und du wirst sehen, dass du welche zurückgeschenkt bekommst.

- Lade deine Freundin zum Essen ein! Ja, du hast richtig gelesen, denn es tut unbezahlbar gut, anderen eine Freude zu bereiten (insbesondere mit selbstloser Absicht), und wer hätte das mehr verdient als deine treue und loyale Freundin? Lasst den Liebesfrust mal einen Abend ruhen, und redet über alles andere - außer über Männer.

- Schau dir eine oder mehrere Folgen der ‚Gilmore Girls' an. Nichts ist besser für deine Seele als eine erbauliche Portion Normalität, Sarkasmus und Herz. Lorelai und Rory werden dich zum Schmunzeln bringen, und Luke zum Schwärmen samt Zuversicht.

- Verbringe Zeit mit Kindern und Hunden. Du wirst sehen, dass sie deinen Blickwinkel auf viele Dinge verändern und dein Leben auf den Kopf stellen. Hunde lieben dich bedingungslos - ob du arm, reich, hässlich oder bildschön bist, sie sind treuer als jeder Mensch es je sein kann. Und genau so etwas brauchst du jetzt. Wenn du wegen des Jobs oder der Uni keine Zeit für eine eigene Fellnase hast, leih dir den Hund deiner Eltern oder von Freunden. Auch Kinder bringen dich auf andere Gedanken und zeigen dir, sich auch über die kleinen Sachen im Leben zu freuen. Das Beste ist: Du gibst sie nach ein paar Stunden wieder ab und weißt dann auch dein eigenes Leben mit Ruhe und sauberer Küche wieder zu schätzen.

- Engagiere dich sozial. Unterstütze eine wohltätige Organisation, führe Tierheimhunde zu einem Spaziergang aus oder buche einen Trip zum Wale- oder Schildkröten-Retten im Sommer. Dir wird es guttun, anderen zu helfen und das wird auch dein Selbstwertgefühl steigern. Außerdem lernst du neue Leute kennen, findest vielleicht Freunde fürs Leben oder sogar den einen wahren Mann deiner Träume.

- Verbringe intensiv Zeit mit deiner Familie, insbesondere deinen Großeltern. Fahre zu deiner Oma und backe einen Apfelkuchen mit ihr oder besuche deinen Opa und spiel eine Runde Schach mit ihm. Du wirst schnell merken, wie viel es deinen Großeltern bedeutet, wenn du wie früher Zeit mit ihnen verbringst. Außerdem geben Omas und Opas die besten Ratschläge. Dinge, bei denen deine Mutter dir vielleicht mal nicht helfen konnte oder wollte, sind für deine Großeltern vielleicht gar kein Problem. Und auch sie waren mal jung! Unterschätze nicht die Weisheiten alter Menschen, vielleicht hat deine Oma nicht nur das Geheimrezept zum Apfelkuchen, sondern auch zum Herzen vom Mann deiner Träume.

## Schwiegermutter-Heldin am Valentinstag

Bevor ich endlich qualifiziert genug war, mein Studentenleben mit einem (gutbezahlten) Werkstudentenjob zu finanzieren, hielt ich mich jahrelang mit dem Kellnern über Wasser. Mit Trinkgeld kommt man schließlich auf knapp 20€ die Stunde und wie hätte ich schon sonst den ganzen Alkohol, die Partys, das Shoppen und die Privatuni finanzieren sollen?!

Ach nein, weißt du was? Ich will mich gar nicht rechtfertigen: Ich habe kaum getrunken, die Uni zahlten meine Eltern und feiern ging ich auch nicht häufiger als einmal die Woche. Ich habe größtenteils gekellnert, weil es mir einfach Spaß gemacht hat. In keinem anderen Job trifft man so viele junge Menschen mit guter Laune und so viel Herz... und Männer. Und zwar Männer, die arbeiten und fleißig sind, einen trainierten Bizeps haben (15 Jumbo-Cocktails auf dem Tablett haben schon ihr Gewicht), selbständig sind, größtenteils nicht mehr zu Hause wohnen, meistens auch noch selbst studieren und einem beim Wirtschaftsmathe lernen helfen können. Kurz gesagt: die lang ersehnten Traumprinzen.

Den Herzen-Zertrümmerer lernte ich während einer meiner ersten Schichten kennen. Ich war ganz neu und habe in der angesagtesten Cocktailbar Dortmunds gearbeitet. Er fiel mir schon direkt zu Beginn meiner Schicht auf. Er war, zumindest subjektiv und durch die rosarote Brille betrachtet, einer der attraktivsten Männer der Welt. Er hatte die zum Küssen perfekte Größe, einen trainierten Körper, starke Arme zum Festhalten und Augen, in denen man sich tagelang verlieren konnte. Am schönsten aber waren seine Haare: Er hatte einen Seitenscheitel, die eine Seite nicht zu kurz rasiert, die andere Seite etwas länger und nach hinten gegelt. Er küsste jedoch eine meiner Kolleginnen auf die Wange, weshalb ich mir sicher war, dass die beiden ein Paar waren (hatte ich damals eine Ahnung, dass dort das Motto „Jeder mit jedem und das so oft wie möglich" galt!). Die besagte Kollegin sollte einmal für eine unvergessliche Zeit eine meiner engsten Freundinnen werden und die zwei überredeten mich nach der Schicht mit ihnen und dem Rest des Teams feiern zu gehen. Relativ schnell stellte sich heraus, dass mein Angebeteter und meine Kellner-Kollegin kein Liebespaar, sondern beste Freunde waren und der Abend wurde immer besser. Ich lernte noch weitere Kolleginnen kennen, wir tauschten Klamotten, schminkten uns zusammen und dann trafen wir uns alle im wohl schäbigsten Club der Gegend. Die Stimmung war ausgelassen und alle waren äußerst fürsorglich, damit ich mich im neuen Team auch wohl fühlte - besonders ins Zeug legte sich aber der Herzen-Zertrümmerer. Und es war VALENTINSTAG!

Da ich weiter weg wohnte, war ich mit dem Auto unterwegs und bot an, einige meiner Kollegen nach Hause zu fahren. Zwei wohnten direkt in Dortmund, eine andere Kollegin und der Herzen-Zertrümmerer in Vororten. Nachdem die beiden Dortmunder schnell zu Hause abgeliefert waren, brach eine Diskussion zwischen den Vorort-Kindern aus, welcher Weg wohl der beste sei. Der Herzen-Zertrümmerer schwor allerdings Stein und Bein, dass er es besser wisse und setzte sich schlussendlich durch. So brachte ich erst meine neugewonnene Kollegin heim und zum Schluss ihn.

Vor seinem Haus, gelegen in einer schicken Neubau-Siedlung, angekommen eröffnete er mir dann, dass er mir absichtlich den falschen Weg gesagt hatte, damit ich meine Kollegin zuerst wegbringe und wir zwei noch Zeit für uns alleine hatten. Wir saßen Stunden direkt vor seinem Haus in meinem eher weniger gemütlichen, eisblauen Kleinwagen (leider gehörte ausgerechnet er zu den Noch-zu-Hause-Wohnenden), haben geredet, Musik gehört, uns geküsst und sagen wir mal so, ich habe zwischen seinen Beinen etwas mit meinen Lippen gemacht, das ihm sehr gefallen hat. Nachdem wir entdeckten, dass es schon sieben Uhr morgens war, wollte er besser reingehen und ich endlich nach Hause fahren - doch mein Auto startete nicht. Ich probierte es immer wieder und wieder, doch es wollte einfach nicht losfahren. Wir hatten so lange rumgeknutscht, Musik gehört und bei schummriger Auto-Beleuchtung geredet, dass meine Batterie leer war!

Erfolglos versuchte ich, Freundinnen oder meine Eltern zu erreichen. Wir entschieden uns dann, zu ihm nach Hause zu gehen, etwas zu schlafen und später zur Tankstelle zu fahren und ein Überbrückungskabel zu kaufen.

Gerade als wir vor seiner Haustür angekommen waren und er den Schlüssel ins Schloss steckte, öffnete sich die Tür. Seine Mutter stand dort im Bademantel und küsste zum Abschied seinen Stiefvater im Anzug, der sich gerade auf den Weg zur Arbeit machen wollte. Und da standen wir – er betrunken und mit halboffener Hose, ich in einem fremden kurzen Kleid, mit verwuschelten Haaren und total übernächtigt.

Ich habe mich so geschämt, dass ich unbedingt sofort nach Hause und ihn am liebsten nie wiedersehen wollte. Seine Mutter merkte direkt, wie unwohl ich mich fühlte und obwohl er mich kurz überreden konnte, noch mit ihm rauf in sein Zimmer zu kommen, ging seine Mutter schnell duschen, um mit ihm und mir das Kabel kaufen zu fahren (sie musste es auch noch bezahlen, weil ich kein Geld mehr hatte!). Denn so betrunken wie er war, konnte er für die nächsten Stunden ohnehin kein Auto fahren.

Nachdem der Herzen-Zertrümmerer nach gefühlten 3 Stunden endlich meine Auto-Batterie reanimiert hatte, düste ich mit einem breiten Grinsen nach Hause.
Zunächst lief es ganz gut zwischen uns: Zusammen kochen, feiern gehen, die Nächte durchmachen und die Tage verschlafen. Wir verbrachten für einige Wochen so gut wie jede Stunde miteinander. Bis er sich irgendwann dazu entschied, ein anderes Mädchen zu küssen - und mein Herz zu brechen. Darauf folgten zwei Jahre on-off-Affäre mit zahllosen Tränen und Herzbruch über Herzbruch.
Noch heute, mehr als drei Jahre später, breitet sich in meiner Brust ein dumpfer Schmerz aus, wenn ich an der Tankstelle vorbeikomme, an der wir das Überbrückungskabel gekauft haben.
Doch es ist, wie es ist: Nie wieder hat mir jemand so wehgetan, und trotzdem wird dieses Erlebnis für immer eines meiner Lieblingsdates bleiben.

## SOS - Notfall-Tipps an Sonn- und Feiertagen!

Ja diese Herzensbrecher: Erst bringen sie einem zum Stöhnen, und dann zu Weinen. Da kann es schon mal passieren, dass dein liebevolles Herz verschrammt zurückbleibt, und das kann böse Folgen haben. Wovon wir hier reden sind Rückschläge, schwache Momente oder gar tote Tage. Jede(r) kennt sie und diese Abstürze sind alles andere als leicht zu händeln.
Genau genommen überhaupt nicht leicht, denn dich plagen Trauer, Einsamkeit und Selbstzweifel. Du verstehst zurecht nicht, weshalb es die ganze Welt mit der Liebe hinkriegt, nur du ungeschickte Versagerin nicht! Als einzige Frau auf dieser Welt, nein - als einzige Frau des ganzen Universums. Und du wirst es auch niemals hinbekommen, weil dich einfach niemand liebt und lieben wird! Vermehrt suchen uns jene Paranoia an Sonn- und Feiertagen heim, daher sind unsere Tipps speziell auf diese Tage ausgerichtet. Lesen und sogleich fort mit den Tränen!

- Ja, dein Handy hat auch eine Anruffunktion! Nutze sie! Ablenkung heißt das Zauberwort, wenn du traurig und voller Selbstzweifel bist. Sei nicht alleine in solchen Momenten. Rufe deine Mama, beste Freundin oder von uns aus einen guten Arbeitskollegen an. Sprich mit ihnen und lass raus, was dir auf der Seele liegt. Du bist weder Psycho, noch instabil - es ist viel gesünder, auch negativen Gefühlen freien Lauf zu lassen. Menschen, die es gut mit dir meinen, bauen dich in solchen Momenten auf und alle anderen solltest du aussortieren.

- Wenn deine Selbstzweifel nach einem Telefonat noch nicht ganz fort sind, führe ein zweites oder drittes (zu diesem Zwecke ist es nützlich, mehr als eine Freundin zu besitzen).

- Wenn du dich nicht dazu überwinden kannst, deine Freundinnen anzurufen, sprich ihnen verzweifelte Sprachnachrichten! Sie werden dir rote Herzen schicken und dir sagen, wie toll und vor allem liebenswert du bist und dich daran erinnern, dass du ganz sicher nicht die Einzige bist, die zuweilen Pech in der Liebe plagt.

- Wenn deine Selbstzweifel selbst nach mehreren erbaulichen Telefonaten beziehungsweise Sprachnachrichten mit deinen Liebsten nicht fort sind, du dich immer noch vollkommen ungeliebt und kein Stück liebenswert findest, und du sogar weinen musst, nimmst du die Sache selbst in die Hand. Kümmere dich um dich selbst - fang wieder an dich selbst zu lieben. In kleinen Schritten. Schnapp dir den Liebesroman und nimm ein Schaumbad! Trage eine Gesichtsmaske auf, trinke einen Tee oder ein Glas Wein, schmeiß deine Lieblings-DVD an und lass deiner Trauer freien Lauf. Lebe und zelebriere sie, es ist wichtig und hilfreich sie nicht zu unterdrücken. Weinen reinigt die Seele.

- Schön und außerordentlich hilfreich sind auch Kuschelabende - veranstalte ihn mit einer oder mehreren Freundinnen. Guckt euch so richtig schöne und herzzerreißende Schnulzen wie „PS: Ich liebe dich!", „Pretty Woman" oder „Während du schliefst" an. Und ganz wichtig: Kuschelt zusammen auf der Couch. Das hilft und gibt Liebe.

- Essen! Leckeres und verbotenes Essen sind ebenso verlässliche Glücksbringer und Cheat-Days eine feine Sache! Wir empfehlen Pizza, Lasagne, Schnecken in Sahnesoße oder einen reich bestückten Gyrosteller. Mit Käse überbacken schadet auch nicht, und wir reden hier von doppelt Käse. Von Apfelpfannkuchen mit viel Zucker obendrauf. Von viel Schokolade, Eis, Chips, Nachos oder Nüssen - hau rein und schlemme ungeniert und hemmungslos!

- Der nächste Punkt ist nicht unbekannt, und er ist bitte auch nur dann anzuwenden, wenn wirklich gar nichts anderes hilft: Verabrede dich mit einem deiner Ex-Freunde! Bei den persönlichen Tipps haben wir ja bereits nur in Ausnahmefällen zu Sex mit dem Ex geraten, und einsame Sonn- oder Feiertage können leider ein solcher sein. Es geht dir hundsmiserabel, und bevor du den ganzen Tag mitsamt Selbstmitleid auf der Couch verbringst, befolge diesen Rat. Er birgt zwei mögliche Effekte: Entweder bist du danach heilfroh wieder alleine zu sein und empfindest es nicht länger als einsam sondern Wohltat, oder du hattest eine gesellige Zeit und unter Umständen mal wieder einen Orgasmus, was uns sogleich zum nächsten Punkt führt.

- Du brauchst ein gutes Mittel zur Selbstbefriedigung. Einen Vibrator, eine Duschbrause, eine Hand. Egal was, aber es muss dir unabhängig von einem Mann möglich sein, zum Orgasmus zu kommen. Das ist überlebenswichtig - vor allem an toten Tagen.

## Don Juan und Weltmeister

Meine dritte Date-Geschichte ist überraschenderweise keine Tinder-Anekdote. Vielmehr ist es eine Geschichte über Weltmeister und Don Juan de Marco.
Ja richtig - über den größten Liebhaber der Welt, dem ich anlässlich des WM-Finales im Jahre 2014 persönlich begegnet bin. An einem sonnigen Sonntag. Ich war morgens erst aus London gelandet und eigentlich ziemlich tot, aber hallo, es war WM-Finale!
London, das klingt so als führe ich ein Jet-Set Leben. Vorab - diese fulminante Illusion muss ich sogleich zerstören. Hinter mir lag ein Kurztrip übers Wochenende mit einer langjährigen Freundin und einer Menge Sightseeing.
Auch vorab: Ich mag keine One-Night-Stands. Mit Anfang zwanzig hatte ich mal einen, nun ja eigentlich keinen klassischen, denn ich hatte Oliver vorher zweimal getroffen. Jedenfalls war das der schlechteste und liebloseste und leidenschaftsloseste Sex meines Lebens. Bis zu diesem Zeitpunkt jedenfalls. Oliver fand sich selbst am geilsten und machte keinen Hehl daraus, das zum sprachlichen und körperlichen Ausdruck zu bringen.
„Findest du es auch so geil wie ich? Oh ja - fick mich!"
Ich verbrachte den ganzen nächsten Tag unter der Dusche und benutzte anschließend Sagrotan als Deodorant.
Zurück zum Finale. Ein tolles Finale. Ich schaute es mit Freunden in Dortmund am alten Markt und es tobte eine tolle Stimmung. Ich trank ein paar Siegerradler und wir beschlossen, den Sieg noch weiter in einer Kneipe zu zelebrieren.
Und da traf ich ihn! Besser gesagt - er mich, denn diesen Mann hätte ich mich niemals getraut anzusprechen. Er war viel zu schön - er sah aus wie Don Juan de Marco.

Ich trug an diesem Tag ein ziemlich aufreizendes und ziemlich bauchfreies schwarzes Top mit ganz vielen Fransen am Saum. In London hatten wir viel Fish&Chips, Sushi und Tapas gegessen, was mich hatte lange überlegen lassen, ob ich dieses Top anziehen soll.
Ich bemerkte wie Don Juan und seine Jungs uns abcheckten und irgendwie machte mich das nervös. Vielleicht lästerten sie über meinen Bauch. Ich beschloss, mich an einen Hocker an der Bar zu lehnen, um der Schusslinie zu entfliehen.
Zwei Minuten später gesellte sich Don Juan de Marco zu mir. Genau genommen stützte er sich mit seinen wohlgeformten Händen auf dem Barhocker ab, der mein Gesäß stützte. Er kam mir direkt ziemlich nah, sein Gesicht berührte meins fast. Nun gut, es war auch sehr laut in der Kneipe und sicher wollte er nur kurz eruieren, wer Weltmeister geworden war.
Es dauerte nicht lange, bis Don Juan mich küsste. Gut, dass der Hocker Halt gab, denn hätte ich haltlos gestanden, wären meine Beine ganz sicher weggeknickt. Don Juans Lippen waren watteweich. Instinktiv beschloss ich, dass ich für den Rest meines Lebens fortan nichts anderes tun möchte, als diese Lippen zu küssen. Beziehungsweise von ihnen geküsst zu werden.
Don Juan war feurig. Ich liebe feurige Männer. Ich liebe Leidenschaft.
Don Juan besaß alles, und davon mehr als genug. Das durfte ich erfahren, als er mich fragte, ob wir nicht noch woanders hingehen sollen. Für gewöhnlich hätte ich bis zu diesem Zeitpunkt nein geantwortet, aber erstens waren wir an diesem Abend Weltmeister geworden und das gehörte gebührend gefeiert und zweitens wusste ich bis zu diesem Zeitpunkt nicht, wie schön, heiß und aufregend ein One-Night Stand sein konnte! Vorab: Mit Don

Juan sollte es nicht bei einem One-Night Stand bleiben, aber das wusste ich ja zu diesem Zeitpunkt noch nicht.

Wir fuhren also zu mir. Ich schloss die Wohnungstür auf und Don Juan nahm meine Hand, drehte mich zu sich und drückte mich feurig gegen die Wand. Er küsste mich, und dann unterbrach er diesen Kuss sogleich, nahm mein Gesicht in seine wohlgeformten Hände und sagte:

„Ich find dich ja echt schön!"

Was soll ich dazu noch sagen? Es ist so einfach, eine Frau glücklich zu machen. Das war so romantisch, weil es romantisch und ganz sicher auf jeden Fall authentisch war. Punkt. Ausrufezeichen!

Dann küsste er mich wiederum und geleitete mich ins Schlafzimmer. Und dort machte er seinem Namen alle Ehre und verführte mich nach allen Regeln der Verführungskunst. Er nahm und ließ sich Zeit, ehe er das erste Mal in mich eindrang. Zunächst galt seine Aufmerksamkeit diversen anderen Körperteilen, ehe er sich meiner Venus-Muschel widmen sollte. Mit Anmut und Sorgfalt küsste er die Innenseiten meiner Schenkel, dann liebkoste er meine Brüste und meinen Bauch, als seien sie die zuckersüßeste Versuchung, an der er je genascht hatte. Zwischendurch wanderte eine seiner beiden wohlgeformten Hände hinunter und sorgte mit gekonnten kreisenden Bewegungen für ein sanftes Schnurren und hingebungsvolles Zucken.

Und dann drang er irgendwann in mich ein und liebte mich, wie es zuvor kein anderer Mann getan hatte. Es fühlte sich richtig, leidenschaftlich und wunderschön an.

Er stöhnte und ich tat es ihm gleich. Er kam und ich tat es ihm gleich.

Erschöpft kuschelte ich mich an seine Brust.

Er streichelte meinen Rücken, ehe er sich über mich beugte.

Er küsste mich. Ich weiß nicht, wie lange wir uns so küssten. Und dann wieder streichelten. Und wieder küssten. Und wieder streichelten.
Ich weiß nur, dass die Nächte mit Don Juan die intensivsten Liebesnächte waren, die ich jemals mit einem Mann erleben durfte. Don Juan de Marco und ich schliefen in dieser Nacht dreimal miteinander und morgens noch einmal. Wir schliefen immer sehr oft miteinander, wenn wir eine gemeinsame Nacht miteinander verbrachten. Danach war ich immer sehr erschöpft und zugleich sehr glücklich.
Ich beschloss eine Änderung meines Lebensplans. Fortan wollte ich bis zum Ende meiner Tage nichts anderes tun, als mit diesem Mann Liebe zu machen.
Später einmal sollte ich mit zwei Männern schlafen, mit denen die sexuelle Interaktion desgleichen sehr zauberhaft war. Sehr, sehr, sehr, aber doch nicht ganz so sehr wie mit Don Juan de Marco.
Ich habe lange darüber nachgedacht, was genau den Unterschied ausgemacht hat, denn die anderen zwei hatten mich desgleichen verzückt und verzaubert und waren ebenso fähige Liebhaber. Sie waren wild und zärtlich, und der eine offenbarte mir intime Phantasien, was ich äußerst erregend fand, zudem fand ich mich eine passable Stripperin, und es total heiß (zum Glück funktionierte die Heizung in meiner Wohnung), ihm jedes Mal in Unterwäsche die Tür zu öffnen.
Aber zurück zum Unterschied, was aufrichtig in keinster Weise abwertend gemeint ist, aber ich glaube, es lag an dem Gefühl, mit dem sie selbst dabei waren.
Don Juan de Marco bot mir einen kleinen Tacken mehr seiner Seele an. Jedenfalls bilde ich mir das bis heute ein, denn niemals zuvor und danach liebte mich ein Mann mit derartiger Leidenschaft.

Don Juan versprühte etwas sehr Sinnliches, beinahe ein wenig Magisches. Mit ihm zu schlafen war, als würde man in eine andere Welt abtauchen. Eine Welt, in der alles rosa, lecker und aufregend ist.
Ja, Don Juan de Marco hatte und hat es mir wirklich schlimm angetan. Mitsamt seiner Magie und seinem magischen Zauberstab, den er nur zu gut einzusetzen wusste.
Noch heute, zwei Jahre später, denke ich oft an ihn. Male mir aus, wie es wohl wäre, neuerlich mit ihm zu schlafen. Amore zu fabrizieren.
Manchmal schreibt er mir nachts, erst neulich zum Beispiel nach fast einem Jahr Funkstille (es war kurz vor der EM - vielleicht lag es daran?), und dann schreibe ich ihm hundertfach zurück, was wohl nicht die klügste Taktik ist, aber ich kann Taktiken nicht leiden, wenn es um Gefühle geht.
Fort mit ihnen, sie haben nichts verloren und vernichten jede Leidenschaft.
Don Juan will allerdings immer nur dann, wenn Don Juan fragt, ob ich Zeit habe. Um 05:08 Uhr oder 04:31 Uhr. Immer genau dann, wenn ich schlafend im Bett liege.
Don Juan schreibt dann sowas wie:
„Biste gerade zuhause?"
oder
„Was machst du?"
Meine Nachrichten an ihn gleichen fast jedes Mal Liebesbotschaften - außer manchmal, da schreibe ich bloß „Sex" oder „Esstisch?;)".
Meistens aber schreibe ich ihm, dass ich ihn nicht vergessen kann und nicht aus dem Kopf bekomme. Dass er mich verzaubert hat und dass ich es jetzt schwer haben werde, wieder einen anderen Mann kennenzulernen, weil er der Maßstab ist. Eine Muse.
Eine Sexmuse!

Ich finde das was total Schönes - jeder sollte eine Sexmuse haben!
Das heißt ja nicht, dass es kein anderer mit dieser Muse aufnehmen kann. Es geht nicht darum, die Sexmuse zu übertrumpfen. Vielmehr dient eine Sexmuse als Inspirationsquelle. Sex ist etwas Besonderes, etwas sehr Intimes, was ich nicht mit jedem Hans und Franz praktizieren möchte. Im Regelfall schlafe ich nur mit Zauberstäben, zu denen ich mich intensiv und aufrichtig hingezogen fühle, weil das um ein so Vielfaches schöner ist als mit jemanden, den man eigentlich gar nicht richtig gut findet und dem man sich nur anbiedert, weil man verzweifelt und alleine ist.
Don Juan wird in alle Ewigkeit meine Sexmuse bleiben! Eine immerwährende schöne, verlockende und inspirierende Erinnerung, die mein aktuelles und künftiges Sexleben bereichert und bereichern wird.
Und wer weiß, vielleicht bin ich ja auch irgendwann einmal rein zufällig gegen 05:08 Uhr wach, wenn Don Juan de Marco gedenkt, mit seinem Zauberstab Magie zu versprühen…

## Was tun, wenn du dein Singlesein leid bist

Irgendwann ist Singlesein genug, und du ersehnst nicht mehr vordergründig Don Juans Zauberstab, sondern einen Mann an deiner Seite. Du willst die eine sein, nach dessen Herz sich der schwer begehrte Don Juan de Marco sehnlichst verzehrt, und für die er furchtlos den Tod in Kauf nehmen würde. Kurzum: Du willst einen Freund!

Einen Freund, der dich pflegt, wenn du krank bist - der dich nachts abholt, wenn du betrunken aus dem Club torkelst - und der dir vor dem Schlafengehen einen Gute-Nacht-Kuss auf die Stirn gibt.

Auch das ist völlig normal, selbst wenn du sämtliche unserer Ratschläge immerwährend befolgst, was impliziert, dass dein Singleleben nun toll und bereichernd verläuft. Trotzdem, der Mensch ist für die Liebe geschaffen, und nicht um allein zu sein - folglich heißt es künftig, den Fokus verstärkt auf die Partnersuche zu legen. Wir verraten euch, was dabei hinderlich und was dabei förderlich ist. Wie immer, viel Spaß beim Lesen und Anwenden.

- Gib Ex-Partnern und Ex-Datings (ja auch den Don Juans dieser Welt, die dich nicht lieben) keinen Raum mehr in deinem Leben, denn nun bist du mehr als reif für eine neue Beziehung! Wenn einer von ihnen die große Liebe wäre, ständet ihr schon vor dem Traualtar oder wärt zumindest ein Paar. Autsch, das tat weh? Ja, das tut verdammt weh, aber so ist es nun mal! Verabschiede dich von deinen romantischen Träumereien - wie, dass einer von ihnen dir eigens ein Lied komponiert (dessen Titel deinem Vornamen entspricht und mit dessen Präsentation er nur deshalb wartet, weil er es dir zu deinem Geburtstag schenken möchte). Ebenso wird dir keiner von ihnen nachts kleine Steinchen an dein

Schlafzimmerfenster werfen, um dir ein Gedicht vorzutragen (weil er sich in euren wilden, umtriebigen Sexnächten hemmungslos und unsterblich in dich verliebt hat). Und ebenso wenig wird kein Einziger von ihnen den anfänglichen Zauber, den sie bereits mal mehr und mal weniger häppchenweise zerstört haben, wiederherstellen können. Also, nimm Abschied, auch wenn das schwer ist!

- Vertraue neu! Auch wenn du enttäuscht wurdest und misstrauisch bist, dein neuer potentieller Freund trägt keine Schuld daran. Also verbanne deine Missgunst, die dich innerlich heimsucht, und stell dich auf „Neustart“. Erst dann bist du bereit für eine neue Liebe.

- Schreibe einen Brief ans Universum. Du willst schließlich einen Mann an deiner Seite, also wünsche ihn dir! Wichtig bei deinen Angaben ans Universum ist, dass du sie so konkret wie möglich ausformulierst. Was muss dein Mann für Eigenschaften mitbringen, wann soll er in dein Leben treten, und wie groß und dick soll sein Penis sein? Das Universum kann nicht hellsehen, und ist daher dankbar für jeden Hinweis.

- Lege alte Verhaltensmuster ab. Einer deiner Liebhaber meldet sich und will eine heiße Nacht? Schreib ihm, dass du jetzt einen Freund hast, und total verliebt bist. Du lügst ja nicht, denn du hast deine Ware ja schon beim Universum in den Warenkorb gelegt, „Bestellen“ gedrückt, und wartest bloß noch auf Zustellung.

- Adoptiere dir einen felligen Freund. Oder einen federigen. Eigentlich ist es egal, was für ein Tier du dir anschaffst - ob Hund, Hamster oder Papagei - wichtig ist nur, dass es ein echtes Lebewesen ist und keine Didl-Maus. Weshalb das wichtig ist? Weil das ein ganz eindeutiges Zeichen in die richtige Richtung ist. Wenn du zum Beispiel einen Hund besitzt, wünscht du dir umso stärker einen Partner, damit du dir das Gassigehen teilen kannst.

- Tanze albern beim Feiern. „Wieso das denn?“, denkst du jetzt? Probiere es aus, denn es ist der Vorreiter für alles, was du fortan tun wirst. Übe dich generell im „Nicht-perfekt-sein.“ Du willst als potentielles Objekt zum Lieben wahrgenommen werden, also leg deinen Perfektionsdrang beiseite. Kleine Macken und Fehler sind liebenswert, und Männer sind was das anbelangt, ziemlich leicht zu manipulieren. Machst du ihnen in Unterwäsche die Tür auf, wollen sie dich ficken. Öffnest du ihnen die Tür im Schlafanzug mit „Hello Kitty-Aufdruck“, hast du zumindest eine 50 Prozent Chance, dass sie sich in dich verlieben - oder nie wieder anrühren. Letzteres Phänomen nennt man auch das „Hello Kitty“ - Trauma.

## Vergeben und vergessen?

Du hast all unsere Ratschläge befolgt, und Mr. Right stand noch nicht mitsamt einem Strauß roter Rosen vor deiner Tür? Habe Geduld - ER existiert, möglicherweise hat er nur den Zug verpasst und nimmt einen späteren. Du bist jedoch absolut reif und möchtest gepflückt werden? Wir verstehen dich zu tausend Prozent! Aber keine Angst - auch er wird in Anbetracht seiner Reise hungrig sein!
Du weißt, dass wir das Zusammensein zweier Menschen, die sich mögen, als unabdinglich und erstrebenswert empfinden. Aus diesem Grund haben wir dir schon all unsere Tipps und Tricks mit auf den Weg gegeben, und freuen uns, wenn sie Umsetzung gefunden haben. Fernab von unserem grandios hilfreichen Gedankengut, möchten wir deine vergebene Freundin zu Wort kommen lassen.
Selbst wenn du denkst, dass sie dich mit ihrer perfekten Beziehung nicht verstehen kann - sie kann und es gibt vieles, das sie dir raten möchte. Einiges wird dir von uns bereits vertraut sein, anderes beleuchtet deine vergebene Freundin in einem komplett anderen Licht. Sie hängt nicht gerade wie wir selbst und all deine Single-Freundinnen mit den Gedanken im Männerchaos fest.
In einer Beziehung ist auch nicht alles Gold was glänzt, aber wenn man seinen Schatz gefunden hat, ändert sich vieles in Richtung Glückseligkeit. Dann schwindet die Lust, sich ständig volllaufen zu lassen, weil es viel schöner ist, mit Don Juans Zauberstab im Bett zu chillen. Deine vergebene Freundin plädiert zurecht für mehr Verständnis, und gleichermaßen möchte sie nur das Beste für DICH!

## 10 Dinge, die dir deine vergebene Freundin raten würde

### Date so viele wie nötig - schlafe nur mit denen, die es wert sind

Dates haben einen Vorteil: Du lernst nicht nur Männer kennen, du lernst auch dich selbst besser kennen. Wie bereits durch Sandras und Marys Tipps gelernt: Raff dich auf und triff dich mit so vielen Anwärtern wie möglich. Geh bowlen, Billard spielen, tanzen, essen, trinken, ins Kino, ins Theater, mit zu seinen Eltern, ins Museum, zu Ausstellungen. Nimm alles mit, was geht. Dadurch wirst du schnell merken, was dir an einem Mann gefällt und was nicht. Dir wird direkt auffallen, wenn irgendwann der Richtige vor dir steht. Außerdem wird es dir leichter fallen, zukünftige potentielle Traumprinzen auszusortieren, wenn du am Anfang schon merkst, dass es unüberwindbare Differenzen zwischen euch gibt oder er noch nicht über seine Ex hinweg ist. Das Massen-Dating wird dein Bauchgefühl in Bezug auf die Männerwelt schulen und festigen.

Aber Achtung! Steig nicht mit jedem Date ins Bett. Zwei Gründe: Erstens gibt es viele Männer, die keine Frau wollen, die schon mit der halben Stadt im Bett war - und wenn du so einen erwischt, übe dich entweder im Undercover-Ficken oder im Erfinden von Lügenmärchen. Glaub mir, das spart dir eine Menge Stress in deiner Beziehung! Erwischt du einen weltoffenen Mann als deinen neuen Freund, darfst du ehrlich sein. Zweitens will deine vergebene Freundin nur das Beste für dich, und dich vor unnötigem Liebeskummer bewahren! Schlafe nur mit denen, die es wert sind. Schütze dein eigenes Herz, die meisten Männer verlieren bei raschem sexuellen Kontakt schnell das Interesse. Ja, das ist dumm und herzlos, aber so ist es nunmal - wenn du also schnell mit einem Mann Beischlaf vollziehst, sei dir diesem Risiko bewusst. Kannst du es seelisch händeln, tu es trotzdem und hab deinen Spaß! Kannst du es nicht - schütze dich, und schenke dich nur, wenn du hinreichend Vertrauen aufgebaut hast!

**Wenn du jemanden kennenlernst, zögere den Sex so lange hinaus, wie du es aushältst, wenn du dir eine feste Beziehung mit diesem Mann wünschst**

Ja, ziemlich unfair, oder? Wenn wir genauso viel Lust auf Sex haben wie der heiße Typ, den wir schon seit drei Dates anschmachten, sollen wir die Vernünftigen sein, die ablehnt, nur damit sich eine Beziehung daraus ergibt? Das Problem ist - die meisten Männer leben, was das angeht, noch im Mittelalter! Wenn du dir wirklich eine ernste Beziehung wünschst, dann lass ihn zappeln. Ich, deine anonyme und doch präsente vergebene Freundin, habe nicht erst einmal gehört, dass ich eine tolle Partnerin gewesen wäre, Mann sich aber nie für mich entscheiden würde, weil wir zu früh Sex hatten, das einfach unattraktiv ist und ich es in seinen Augen jetzt nicht mehr wert bin, seine Freundin zu sein (schöne Grüße an den Schlampen-Mann). Auch mein jetziger Freund hat mir schon mal zwischen den Zeilen deutlich gemacht, dass aus uns nie ein Pärchen geworden wäre, wenn wir eher Sex gehabt hätten.

Also sei stark, halt durch, es wird sich auszahlen. Auch, wenn es total ungerecht und mittelalterlich ist.

PS: Sandra und Mary finden, mit vergebenen Freundinnen verhält es sich so wie mit der eigenen Mutter: Du musst nicht immer auf sie hören. Liebe lieber ungewöhnlich.

**Stell einen Mann erst deiner Familie vor, wenn du dir wirklich ganz sicher bist, dass er der Richtige ist.**

Denn nichts ist peinlicher, als deinen Eltern alle zwei Wochen jemand Neuen als den Endgültigen und Allerletzten vorzustellen. Vor allem schmälert es den Auftritt des wirklichen Mr. Rights und das hat er nicht verdient. Stell dir doch mal vor, wie begeistert deine Eltern wären, wenn sie die Zeugung eines Enkels schon für genauso unwahrscheinlich befinden würden wie fliegende Schweine und dann stellst du ihnen einen smarten und gutaussehenden zukünftigen Schwiegersohn vor. Hinzu kommt, dass sie irgendwann begeistern von JEDEM Mann wären, den du mitbringst. Das stellt deinen zukünftigen Freund in ein noch besseres Licht und sie verlieben sich auf Anhieb genauso in ihn wie du dich.

**Hasse nicht deine vergebenen Freundinnen, du wirst mal genauso. Auch wenn du schwörst, dass es nicht so kommen wird**

Ob du es glaubst oder nicht, du wirst mal genauso lahm und hausmütterlich wie deine vergebenen Freundinnen es jetzt schon sind. Also hasse sie nicht, sondern freu dich für sie. Du wirst auch noch in den Genuss kommen, mit Ende 20 das Leben einer Omi zu führen. Der Grund, warum selbst enge Freundschaften in unseren 20igern auseinandergehen ist, dass das, was uns verbindet die Suche nach Liebe ist. Auszugehen, sich schick zu machen, die schmerzenden Füße in den hohen Stilettos zu ertragen - das alles macht nur Spaß, weil wir hoffen, auf den einen Besondern zu treffen, der das alles wert ist. Wir weinen zusammen, wir ertragen die Nörgeleien des anderen, wie unmöglich sich das letzte Date wieder benommen hat, wir leiden zusammen. Wenn man aber vergeben ist, ändern sich die Interessen. Man hat keine Lust mehr, bis 3

Uhr nachts bei schlechter Musik irgendwo rumzustehen, während die Single-Freundin mit einem nach dem anderen knutscht. Man kann sogar gar nicht mehr verstehen, warum einem das mal Spaß gemacht haben soll. Denn eigentlich will man nur noch in sein Bett, zu seiner besseren Hälfte. Was für dich super langweilig und öde klingt, kann für jemand Vergebenen aber wirklich schöner sein, als sich die Nächte um die Ohren zu schlagen. Und wenn deine vergebene Freundin nun doch mit dir mitkommt, um mal wieder Party zu machen und dann nörgelig und schlechtgelaunt dreinblickt, sieh es ihr nach! Sie macht das alles nur für dich, weil sie dich lieb hat und immer noch deine Freundin bleiben will, auch, wenn euer Leben sich gerade in andere Richtungen entwickelt.

PPS: Sandra und Mary lieben es, die Nächte durchzumachen, Alkohol zu trinken und Männer kennenzulernen und freuen sich immer sehr, wenn ihre vergebene Freundin mitkommt - auch, wenn sie manchmal nörgelt und früh nach Hause will.

**Das Reisen wird sich verändern, deshalb mach es jetzt**

Wenn du erst einmal vergeben ist, kannst du das alleine Reisen vergessen. Dein Partner wird nicht gerade begeistert davon sein, wenn du ihm unterbreitest, dass du ein halbes Jahr alleine durch Australien tingeln willst. Und die ganzen Urlaubsflirts kannst du auch vergessen. Mal davon abgesehen: Du hast auch gar keine Lust mehr, alleine zu verreisen! Sobald man verliebt ist, will man nämlich unbedingt alle schönen Erlebnisse mit seinem Liebsten teilen. Also reise jetzt! So viel, so lange, so weit weg wie du es finanzieren kannst.

### Auch in Beziehungen hat man Liebeskummer

Du sitzt traurig mit deinem Eis im Bett und denkst dir, dass alles so viel besser wäre, wenn du endlich jemanden hättest, der dich liebt?! Irrtum! Glaub mir, eine Beziehung bringt mindestens so viel Liebeskummer und ausgekratzte Eispackungen mit sich wie das Singledasein. Man ist eifersüchtig oder umgekehrt (dein Angebeteter zumeist unbegründet), man streitet wegen Kleinigkeiten, man streitet wegen großer Probleme. Man denkt der andere liebt einen zu wenig oder zu viel, man zweifelt an sich selbst. Das Liebesleben wird nie einfach sein, vor allem nicht als viel zu viel grübelnde Frau! Vergiss nicht: Auch eine Beziehung ist nicht die Lösung aller Probleme und bringt viele Stolperfallen mit sich.

### Koste dein Singlesein aus

Wie schon erwähnt, werden sich deine Interessen schlagartig ändern, sobald du erstmal deinen Traumprinzen gefunden hast. Genieße das Leben so wie es ist. Geh feiern, geh raus, genieß die Zeit mit den Mädels auf dem Dancefloor - du wirst irgendwann mal keine Lust mehr dazu haben. Gib dein Geld für Unsinn aus, kauf dir die heiße Unterwäsche nur für dich selbst und feiere dein Leben. Solange ihr alle jung und ungebunden seid, könnt ihr die Nächte ohne vorwurfsvolle Blicke am nächsten Morgen durchfeiern. Du kannst so viel Spaß haben wie du willst, ohne ein schlechtes Gewissen zu haben, weil du eigentlich mit deinem Freund verabredet warst. Tanze so lange und so wild, als gäbe es kein Morgen und bis deine Füße nicht mehr mitmachen. Lerne neue Leute kennen und genieß vor allem deine Freundinnen. So nah werdet ihr euch vielleicht nie wieder sein. Vielleicht ist das genau jetzt, auch ohne Freund, die beste Zeit deines Lebens.

**Das Warten lohnt sich**

Gib dich nicht mit weniger zufrieden, nur, weil du das Alleinsein satthast und endlich einen Weggefährten an deiner Seite haben möchtest. Suche solange es eben dauert, bis du den Richtigen gefunden hast. Unter Umständen verbringst du den Rest deines Lebens mit dieser einen Person - also wähle sie weise. Suche dir jemanden, der dich zum Lachen bringt und jemanden, auf den du dich verlassen kannst.

Versuche, dich niemals an jemanden zu binden, der mit dir seine Freundin betrogen hat. Denn wahrscheinlich wird er dich dann mal genauso schlecht behandeln. Warte auf jemanden, der dich liebt, ehrt, schätzt und dem du dauernd ein Grinsen ins Gesicht zauberst, nur, weil du du bist. Lass dich von jemandem finden, für den du die Welt bist und der sich ein Leben ohne dich nicht vorstellen will.

**Liebe dich selbst bedingungslos**

Jaja, ich weiß. Das klingt nach einem Spruch aus einem dieser schlauen Büchlein. Aber: Wenn du dich nicht selbst liebst, dann wird es auch kein anderer tun. Und du wirst viel zu schnell in Selbstzweifeln versinken, sobald etwas in deiner Beziehung mal nicht gut läuft. Und irgendwann wirst du mal an dir selbst zweifeln: Wenn du denkst, dass er seine Ex-Freundin mehr geliebt hat als dich, wenn du das Gefühl hast, dass er sich von dir entfernt oder wenn du glaubst, dass er die süße Kellnerin zu lange angesehen hat.

Sei dir sicher, was du selbst an dir hast und was er an dir hat. Tritt stets für dich selbst ein, denn auch wenn dich viele Männer gerade wie das letzte Stück Dreck behandeln, liegt das nicht an deinem, sondern an ihrem schäbigen Charakter. Sei dir sicher, dass es niemals an dir liegt, wenn ein Mann dich betrügt, hintergeht oder anlügt. Irgendwann wird jemand kommen, der dich so liebt, wie du bist. Und das solltest du auch!

**Genieße deine Freiheit solange du kannst**

Natürlich solltest du dich in einer Beziehung nicht eingeengt oder eingesperrt fühlen, aber so bedingungslos uneingeschränkt wirst du mit einer anderen Person an deiner Seite nun einmal nie wieder sein. Denk mal über deine ganzen Freiheiten nach: Du kannst stets tun und lassen was du willst, du kannst so lange schlafen wie du willst oder ganz früh aufstehen, ohne, dass du jemanden weckst. Du kannst dich treffen mit wem du willst, egal um welche Uhrzeit. Du willst einen Hund aus dem Tierheim adoptieren? Sei froh, dass du mit niemandem zusammen bist, der eine Hundehaarallergie hat und Tiere nicht ausstehen kann.

Du willst fünf Stunden lang shoppen gehen? Dann schnapp dir deine beste Freundin und verbratet das ganze Geld zusammen. Du willst in deinem Bett essen? Kein Problem, es ist groß genug. Auf der einen Betthälfte schläft sowieso niemand. Du kannst sie vollkrümeln wie du willst. Du hast Lust, die ganze Packung Chips zu essen? Für wen müsstest du denn gut aussehen? Es reicht ja, wenn du dich selbst sexy und attraktiv findest und du bist auch mit zwei Kilo mehr auf der Waage noch wunderschön. Verbringe Zeit mit deinen Eltern, deinen Freunden und widme dich ganz deinen Hobbies. Denn wenn es dann soweit ist und du deinen Traumprinzen gefunden hast, dann willst du doch nicht das Gefühl haben, im Leben etwas verpasst zu haben, oder?

## Der Tweety, der nicht mehr davonflattern wollte

Es gab einmal eine Zeit in meinem Leben, in der ich dringend Ablenkung von all den Frauenhelden brauchte und mich nie wieder verlieben wollte (Grüße gehen raus an den Herzen-Zertrümmer).

Auf Liebe kann Frau ja vielleicht auch für einige Zeit verzichten, auf Sex schon weniger. Also griff ich wohl zu der niveaulosesten und einfachsten Möglichkeit, die sich mir bot. Na, rate mal. Genau, Tinder. Hätte ich mal gewusst, welches verrückte Vögelchen mir da ins Netz geht.

Besonders angetan war ich von Tweety von vornherein nicht. Er war nicht sonderlich sympathisch, aber das war ja genau das, wonach ich suchte. Bloß keine Gefahr, sich zu verlieben und wieder verletzt zu werden!

Wir schrieben also ein bisschen hin und her, er ging zu der gleichen Uni wie meine beste Freundin und sah auf seinen Bildern ganz passabel aus.

Dann machte ich einen entscheidenden Fehler, von dem ich dir absolut, unter allen Umständen, abrate. Lade niemals, niemals!, ein Blind-Date zu dir nach Hause ein. Mal abgesehen davon, dass Tweety mich auch hätte vergewaltigen und zerstückeln können, wirst du den Typen wahnsinnig schlecht wieder los, wenn er erstmal in deiner Wohnung ist.

Als Tweety vor der Tür stand und ich durch den Türspalt einen ersten Blick auf ihn werfen konnte, wäre ich fast in großes Gelächter ausgebrochen. Tweety ging mir gerade bis zum Kinn (im Vergleich zu ihm war Hui Buh noch ein echter Riese gewesen) und hatte einen riesigen Kopf. Als er dann noch anfing zu sprechen, konnte ich mich kaum halten. Tweetys Stimme lag circa zwei Oktaven höher als die des Durchschnittsmanns. Außerdem war er so dünn, dass mein soziales Ich kurz davor war, ihm die Notfallnummer für Magersüchtige herauszusuchen.

Ich bat ihn herein und machte relativ schnell deutlich, dass der Abend nicht das Ende nehmen würde, das er sich erhofft hatte. Und Tweety konnte richtig sauer werden! Er war gar nicht begeistert, extra eine halbe Stunde aus Bochum gefahren zu sein (Komm schon, Bochum! Es war jetzt nicht gerade Hamburg!) und dann nicht zum Stich zu kommen. Wir verwickelten uns in eine tiefgründige Diskussion, warum ich denn nicht wollte, die mir im Nachhinein hasserfüllten Whatsapp-Spam einbrachte. Auch Tweetys verlockendes Angebot, mich auf sein Gesicht zu setzen, weil er es liebte, wenn der Schleim der Frau an seinen Lippen klebt und Fäden zieht, konnte mich überraschenderweise nicht überzeugen.

„Kann ich ja nichts für, dass du so ein Riese und fett bist!“ - Ich hatte vielleicht gesagt, dass er so klein und dünn sei, dass ich mir vorkäme wie eine Kinderschänderin und Angst hätte, ihn zu erdrücken. Kurze Zwischeninfo. Meine Größe und Gewicht zu der Zeit: 1,66m, 48kg.

„Wieso wolltest du dich dann überhaupt mit mir treffen?!“, „Du bist ‘ne richtige Schlampe!“, „Du denkst wohl auch, du bist was Besonderes, dass du so jemanden wie mich ablehnen kannst?!“

Hätte Tweety sich danach nicht so arrogant und überheblich benommen und mich so schlimm beleidigt, dass ich das hier gar nicht aufführen möchte, nur, weil ich keinen Sex mit ihm wollte, würde ich ihn jetzt bemitleiden und mich nicht so abfällig über ihn äußern, aber Tweety hatte das Selbstbewusstsein eines Elefanten.

Dieses „Date“ war das erste und das letzte Mal, dass ich einen Mann direkt zu mir nach Hause eingeladen habe. Ich kann mich auch heute noch, Jahre danach, zu gut daran erinnern, wie er beleidigt auf meinem Wohnzimmerteppich saß und partout meine Wohnung nicht ohne Sex verlassen wollte. Danach hatte ich von Tinder erstmal die Nase voll und auf den Sex habe ich auch gerne für ein paar weitere Wochen verzichtet.

## Sechs versexte Tipps - von Mary und Sandra

Ja, das Leben ist kein Wunschkonzert, und kann einem schon mal einen Tweety in die Wohnung entsenden, der einem sämtliche Lust auf sexuelle Aktivitäten raubt. Fernab von Tweety existieren aber zum Glück noch andere Männer und selbst für Tweety existiert sicherlich ein Gegenstück - ein umoperierter Mann? Eine kleinewüchsige Magersüchtige?
Harmonieren Optik, Zauber und Chemie, ist Sex jedenfalls die wundervollste Sache auf Erden! Wir haben ja bereits das eine oder andere Mal durchblicken lassen, dass wir etwas versext sind, und die körperliche Vereinigung für uns ein wesentlicher Bestandteil eines glücklichen Daseins darstellt - insbesondere in Kombination mit einer emotionalen Beziehung. Begierde heißt die Eintrittskarte, und umso tiefer sich Gefühle entwickeln, desto befriedigender wirken sexuelle Handlungen nach.
Der Akt an sich ist die Sahnehaube! Sahne ist aber nicht Sahne, die eine ist zu steif, die andere zu weich - oftmals erfordert es ein wenig Übung, die richtige Konsistenz hinzubekommen. Bevor wir uns jetzt aber in cremige Wortspiele verlieren, übersetzen wir das Ganze mal für unsere männlichen Leser, die sich tapfer durch all den Mädchenkram gelesen haben: Sex ist nicht gleich Sex, und wir möchten an dieser Stelle gerne ein paar erlaubte Hilfsmittel aufzeigen, die uns glücklich machen! Wir wünschen erquickliches Vergnügen beim Anwenden!

### Ergreif die Initiative

Manchmal wollen wir es zwar genauso gern wie du, aber trauen uns nicht, den ersten Schritt zu machen. Manchmal sind wir schüchtern - oder unsicher, ob du just auch Lust verspürst. Eigentlich aber finden wir es nur wahnsinnig sexy, verführt zu werden. Wir lieben es, wenn du uns willst und begehrst.

Entsende uns eindeutige Signale, und selbst wenn wir dich mal abweisen sollten, zelebrieren wir vielleicht nur ein kleines Theaterstück, um uns nur noch begehrenswerter zu machen oder tun es zumindest mit so viel Anstand und Respekt, dass du dich sicher nicht schlecht fühlen wirst.

**Wir wollen doch nur spielen**

Wenn du möchtest, dass wir dich so richtig begehren und dich mit breiten Beinen empfangen, ist das Vorspiel unabdinglich. Küsse und Berührungen sind zauberhafte Helfer! Probiere es aus, und du wirst sehen, wie wir butterweich dahinschmelzen, wenn deine Hände streichelnd über unseren Körper gleiten. Du wirst merken, wie glückselig wir zucken und schnurren bei jedem liebevollen Kuss von dir! Glaub uns, besonders die Innenseiten unserer Schenkel und unsere Brüste freuen sich über jeden einzelnen. Mach uns heiß auf dich und wir werden dich gebührend belohnen.

**Kein Sex nach Plan**

Auch für den Akt an sich gilt: Sei aufmerksam, nimm dir Zeit und spiele mit uns! Wir mögen es, wenn deine Finger auch beim Sex mithelfen, oder du deinen Penis zwischendurch herausziehst und ihn an unserer Vagina reibst.

Was wir nicht mögen, ist Sex nach Plan. Manchmal bevorzugen wir auch spontanes, wildes Übereinanderherfallen auf dem Küchentisch. Oder einen Quickie im Waschkeller, bei dem du uns wild von hinten nimmst. Wir finden es wahnsinnig aufregend, wenn du uns willst und verrückt nach uns bist. Wie unsere Stimmung gerade ist, wirst du mit Leichtigkeit herausfinden können.

**Sei kreativ und offen**

Blümchensex hatten wir beide doch schon tausendmal und da auch wir bereit sind, mit dir über deine geheimsten Fantasien zu verhandeln, erwarten wir das Gleiche von dir. Wie wäre es, wenn wir die lustigen Stellungen aus dem Kamasutra-Buch ausprobieren oder du deinen Freund dazu holst? Das erscheint dir undenkbar?

Wer nicht wagt, der nicht gewinnt. Deine Vorlieben interessieren uns, und vielleicht stehen wir genauso auf Analsex oder lieben deinen Finger in unserem Popo. Sprich mit uns, und offenbare uns deine sexuellen Wünsche und Träume - wir werden dich sicher nicht an den Eiern ziehen - oder vielleicht doch?

**Reden oder schweigen?**

Ein schwieriges Thema, denn Sextalk erfordert Empathie. Wir mögen es, wenn du mit uns sprichst, vor allem, wenn du uns Komplimente machst oder auch mal den Ton angibst. Sanfte, kurze Befehle wie „Dreh dich mal" oder „Reite mich" genügen allerdings. Zu viel Gequatsche ist abtörnend! Ja, du darfst uns sagen, wie heiß du uns findest oder dass du unsere Brüste und unseren Po vergötterst, aber behalte im Hinterkopf: Wir produzieren Sex - und keine Talkshow.

Selbiges gilt für Fragen: Frag bitte nicht hundertmal hintereinander, ob es uns gefällt und ob du es gut so machst. Denn selbst wenn es uns bis dahin gefällt, lässt das die Lust schneller verschwinden als du „wirklich?" fragen kannst. Du wirst es schon merken, wenn du uns in den siebten Himmel vögelst: Wir werden stöhnen, uns an dir festkrallen und definitiv nicht reden. Unsicherheit ist unsexy, tritt mit Selbstvertrauen auf und tu, was du für richtig hältst. Meistens triffst du schon unseren Geschmack damit. Und falls nicht: Wir lenken dich schon wieder sanft in die richtige Richtung.

Interessant hingegen ist, wenn du erfragst, was wir mögen, und worauf wir stehen - aber wie gesagt, hier bedarf es zwingend Empathie. Wähle die richtigen Worte im richtigen Moment - ein geflüstertes „Zeig mir, was dich verrückt macht“ ist heiß, aber wenn wir deinen Kopf bereits in Richtung unserer Vagina drücken, brauchst du uns nicht zu fragen, ob wir Oralsex wollen.

**Sei aufmerksam fernab vom Bett**

Die größte Gefahr von sexuellen Handlungen ohne emotionale Nachsorge ist, dass sich danach eine miese und sehr unangenehme innere Leere ausbreitet – und ja, das kann sogar in Beziehungen passieren.

Als Liebhaber hast du bloß limitierte Möglichkeiten diesen Schaden zu begrenzen, denn der Grat zwischen emotionaler Nachsorge und falscher Hoffnung erwecken ist schmal.

Als fester Freund befindest du dich in einer besseren Position: Ein zärtlicher Kuss auf die Stirn wirkt Wunder - ein Frühstück am Bett (vielleicht sogar mit frisch gepresstem Orangensaft) oder eine Einladung zum Essen gar Weltwunder! Du wirst sehen, wie ein inniges Gespräch bei einem gutem Glas Wein deiner Herzdame ein Lächeln auf‘s Gesicht zaubern wird. Und vielleicht erhältst du ja on Top den einen oder anderen Blow-Job Gutschein!

## Ein Engel auf Abwegen

In meiner letzten Geschichte mit Don Juan habe ich kurz angedeutet, dass es durchaus vorgekommen ist und vorkommt, verzweifelt alleine zu sein. Um ehrlich zu sein, mag ich solch einen grotesken, furchtbar schwachen Moment nicht sonderlich gerne, doch mittlerweile habe ich diese eigentümliche Ms. Hyde als einen Teil von mir akzeptiert.

Zweifellos wird die stolze Löwin am allerliebsten in ein Bett mit roten Rosenblättern gebettet, nur ist Dr. Jekyll in Form eines stolzen Löwen, wilden Widders, charmanten Waagemannes, flirtenden Zwillings oder geheimnisvollen Skorpions leider nicht immer zugegen, wenn man ihn braucht.

Das hat zuweilen fatale Folgen, denn das bringt den unglücklichen Umstand mit sich, dass sich die temperamentvolle Löwin zuweilen schon einmal nicht sonderlich ladylike angebiedert hat. Nun gut, möglicherweise vielleicht auch zweimal.

Bin ich stolz darauf? Die Antwort lautet: Nein. Bereue ich es? Die Antwort lautet: Nein.

Ich bin kein gefühlsarmer Roboter, und ich gehöre nicht zu dieser kontrollierten Sorte von Mensch. Vor allem irgendwie niemals zur Karnevalszeit.

Es war der 11.11. und ich war ein Engel. Mit sanft gewelltem Haar und einer Engelsaura. Bis zum zehnten Kölsch. Ich wollte mit irgendjemanden knutschen.

Ein Bayer mit Lederhosen sah einer Person, in die ich früher einmal sehr verliebt gewesen war, zum Verwechseln ähnlich. Irgendwie wollte ich ein Stück dieser Person zurück.

Nun ja, in Wirklichkeit sah der Bayer nicht zu Hundertprozent aus wie mein Ex-Schwarm, aber er trug dieselbe

Frisur. Mein Ex-Schwarm war einer der charmantesten Männer, die mir jemals begegnet sind, und irgendwie projizierte ich all diese tollen Eigenschaften auf diesen Mann aus Bayern, der - wie ich später erfahren sollte - aus Frankfurt kam.
Die gute alte Taktik des versehentlichen Anrempeln funktioniert in neunzig Prozent mehr als passabel, und in dieser Phase des Kennenlernen kann ich ein wenig, und vor allem diese Form von Taktik mit mir vereinbaren.
Ich weiß gar nicht mehr, wie der bayrische Mann hieß, deswegen nennen wir ihn fortan und zum Zwecke der Idealisierung Thomas - so wie ein Fußballspieler des FC Bayern. Wir können ihn alternativ auch Uli nennen oder Karl-Heinz. Nein, belassen wir es bei Thomas.
Thomas war die ersten zwanzig Minuten lang ein netter Konversationspartner. In der einundzwanzigsten Minute nannte er mich das erste Mal „Miststück“.
Bitte was? Ich war doch ein Engel!
„Wie hast du mich gerade genannt?“
„Miststück - du bist so ein richtiges Miststück.“
„Ähem - findest du das nicht etwas beleidigend?“
„Nein, quatsch! Das ist ein Kompliment“
„Du verteilst merkwürdige Komplimente...“
„Wieso? Ein Miststück ist sexy, macht aber gleichzeitig so ein bisschen einen auf brav, aber dann später im Bett ist sie versaut wie eine Hure...“
„So, so...“
Ich brauchte mehr Alkohol. Ja, ich brauchte definitiv ein paar weitere Kölsch. Einzig erbaulich war, dass Thomas wirklich recht passabel knutschen konnte, und wenn wir knutschten, redete er nicht. Das gefiel mir außerordentlich gut.
Thomas fragte mich irgendwann, ob ich die Nacht mit ihm zusammen verbringen möchte. Er habe ein Hotel-

zimmer in einem richtig feinen Sternebunker, und da könnten wir uns ein wenig in seiner Suite amüsieren. Man muss an dieser Stelle zwingend darauf hinweisen, dass mich drei Faktoren dazu getrieben hatten, Ja zu sagen.
Fakt Nr. 1 - die Gefühlswelt von Ms. Hyde war zu dieser Zeit leicht instabil, was daran lag, dass sie doll aber unglücklich verliebt gewesen war und dieser jemand sie in ihrem Glauben an die Liebe markerschütternd getroffen hatte. Ms. Hyde war sich eigentlich sehr sicher gewesen, dass Dr. Jekyll was für sie übrig hatte, und nun traute sie ihren eigenen Gefühlen überhaupt gar nicht mehr so richtig.
Fakt Nr. 2 - Eine zuckersüße Nacht mit Dr. Jekyll`s Lehrling. Ein Jüngling, der diese ganze Sache irgendwie nicht leichter, sondern nur komplizierter machte, denn Ms. Hyde mochte Dr. Jekyll in jung urplötzlich ein wenig mehr als zuvor.
Fakt Nr. 3 - Ms. Hyde wollte sich Dr. Jekyll Nr. 1 und 2 aus dem Kopf vögeln!
Außerdem brachten mich diese zwei eigentümlichen Dr. Jekyll Nr. 1 und 2 zum Weinen, was sprach also bitte schön gegen Mr. Hyde?
Mr. Hyde machte seinem Namen alle Ehre. Er begrüßte jemanden, der ihm augenscheinlich vertraut war, und dann verabschiedete er ihn sogleich nach einer kurzen Unterredung mit einem High-Five. Danach flüsterte er mir etwas ins Ohr.
„Hast du das gehört? Dein Arsch klatsch gleich noch viel lauter..."
Ich bin wirklich nicht prüde oder so, aber irgendwie fand ich diese Vorstellung null erotisch, und irgendwie war mir einfach nur nach mehr Kölsch. Gesagt, getan.
Thomas bemerkte meine emporsteigende Melancholie.

„Ich freu mich schon richtig auf dich - ich werde dich so richtig durchvögeln!“

Hm - eigentlich wollte ich ja genau das bis vor ein paar Minuten mitsamt Überzeugung, aber irgendwie bröckelte dieses Verlangen mit jedem Wort, das Thomas Mund entsprang.

Ich musste kurz nachdenken. Meine Freundinnen hatten sich zwar schon längst auf den Heimweg gemacht, und ich hatte keinen einzigen Cent mehr in Tasche, aber zur Not würde ich Schwarzfahren!

„Noch fahren die Züge...“

„Mein Zug fährt gleich in dich rein - worein immer du willst...“

Hm - wollte ich, dass sein Zug in meine Körperöffnungen hineinfährt? Anal? Mein allergrößter Traum würde in Erfüllung gehen.

Ich überlegte neuerlich den Weg der Flucht einzuschlagen, doch Thomas besänftigte mich temporär mit einem sanften Kuss.

„Keine Angst, Baby - ich weiß genau, was du willst...“

Das war immens beruhigend. Doch es war wie es war - Ms. Hyde war verzweifelt und innerlich vereinsamt und ging mit Thomas und seinem Freund in deren Hotel. Sein Freund wollte mich übrigens, wenn denn seine nächste Dienstreise anstand, unbedingt und samt Inbrunst zu einem Abendessen in Dortmunds bestes und teuerstes Restaurant einladen. Das war irgendwie alles etwas skurril.

Wir fuhren mit dem Fahrstuhl ins Dachgeschoss, wo ein spätes Dinner serviert wurde. Das Essen war wahrlich lecker, mein Mr. Hyde plötzlich ein ehrenhafter Gentleman namens Dr. Jekyll und ich völlig verwirrt und neben der Spur. Dass Thomas mir nicht noch sorgsam mit der drapierten Serviette den Mund abgewischt hatte, war alles.

Nach dem Essen gingen wir in seine Suite und Thomas machte mir sogleich nach Entkleiden ein paar Komplimente hinsichtlich meiner Figur.
„Wow, also in deinem Alter noch so `ne Figur! Geil flachen Bauch und so schöne Brüste - und extrem geiler Hintern! Also wenn du weiter auf dich Acht gibst, kannst du mit fünfundfünfzig noch so `ne geile Figur haben!“
In Anbetracht dessen, was Mr. Hyde zuvor bereits so von sich gegeben hatte, wie gesagt, nette Komplimente.
Thomas war ebenfalls bereits seiner Kleidung entledigt und machte sich über mich her.
Genau genommen begann er damit, mich oral zu befriedigen, was, obschon ich sein wildes Schlecken nicht sonderlich gut fand, relativ schnell erfolgreich zu Ende ging.
Danach wollte Thomas mit mir schlafen. Da gab es nur leider ein Problem: Ich verspürte keine Lust darauf. In mir wehrte sich jede Faser dagegen, mit diesem Mann eins zu werden.
Ich versuchte mich zusammenzureißen, doch erfolglos. Ich konnte und wollte unter keinen Umständen mit diesem Mr. Hyde schlafen, und so schob ich Thomas von mir hinunter, ehe er hätte in mich eindringen können.
Er guckte mich irritiert an. Und dann fing ich an zu weinen.
In Anbetracht dessen, wie gefühlsarm er vorher war, grenzte seine Reaktion an Mitgefühl. Er fragte immerhin schon, was denn los mit mir sei. Ich verspürte allerdings keine Lust, Mr. Hyde mein gebrochenes Herz auszuschütten, folglich beschränkte sich meine Antwort auf „Liebeskummer“.
Mr. Hyde streichelte mich und versuchte, den Liebeskummer wegzuküssen - ich wollte das aber alles nicht.
Ich fühlte mich schmutzig und ekelhaft dreckig - und das war wirklich, echt und wahrhaftig schlimm, denn ich

ekelte mich vor mir selbst. Das war überhaupt nicht ich! Das war Ms. Hyde! Was machte ich in diesem Zimmer hier?
Ich weinte und weinte und irgendwann sprach ich ein Vorhaben aus:
„Tut mir wirklich sehr leid, aber ich fahre jetzt besser!"
Thomas bestellte netterweise ein Taxi für mich und gab mir sogar Geld, weil er um die Leere in meinem Portmonee wusste - gleichwohl leicht verärgert. Jenen Ärger brachte er eine Minute später unverblümt zum sprachlichen Ausdruck.
„Also das hab ich jetzt so aber auch noch nicht erlebt - du hattest schön deinen Spaß und ich durfte nicht mal abspritzen!?"
Da war er wieder! Mr. Hyde aus Bayern! Beziehungsweise Frankfurt. Mensch, Mensch - was war denn da bloß los außerhalb des Ruhrpotts??? Zudem verspürte ich nun wirklich absolut keinen Spaß bei dieser ganzen Zusammenkunft hier!
Auf der Rückfahrt, als ich im Zug saß und auf einem Ticket von einem unbekannten Dr. Jekyll mitfahren durfte (ich war ja schließlich auch ein Engel), entsendete Thomas diverse Nachrichten an Ms. Hyde. Ob es mir besser geht und so. Dann schickte er mir ein Bild. Ein Foto von einer Art Badeanzug, welcher aus ein paar wenigen Lederstriemen bestand und welcher auf dem zerwühlten Bettlaken drapiert war, auf dem ich noch vor einer Stunde gelegen hatte.
Ich ignoriere selten Nachrichten, weil ich das unhöflich finde, aber für diesen Abend hatte ich eindeutig genug von Mr. Hyde! Ich wollte einfach nur noch nach Hause, drei Stunden duschen und diesen furchtbaren Abend vorbei sein lassen.

Ich schaute die anderen Nachrichten auf meinem Handy durch und stellte erleichtert fest, dass Dr. Jekyll, Variante Jüngling, geantwortet hatte - ich schrieb ihm neuerlich aufrichtig flirtend zurück, wenngleich im Bewusstsein, dass es kein Happy End zwischen uns geben wird.
Abschließend möchte ich mich der Essenz widmen, die ich aus diesem Abend gewonnen hatte. Zu Beginn dieser Geschichte erwähnte ich, dass ich ihn nicht bereue und nach Lesen dieser Geschichte mag das vermutlich ein wenig eigenartig klingen - für mich klingt es allerdings nur logisch. Auch wenn dieser Abend wohl kaum zu meinen Glanzstunden zählt und mich ganz sicher nicht mit Stolz erfüllt, so hat er doch einiges in mir bewirkt. Ich weiß fortan nun mehr denn ja, dass ich mich in der Rolle der Ms. Jekyll geringfügig wohler fühle und ich glaube fest daran, dass wir manches nur deswegen erleben, um daraus zu lernen.
Die Zeit lässt sich nicht zurückdrehen und Gefühle gehören ausgelebt. Ich war an diesem Abend unglücklich und instabil und verdammt noch mal berechtigt unglücklich. Schließlich wollte ich ursprünglich Ms. Jekyll sein und das wurde mir verdammt noch mal verwehrt!
Und somit sind wir neuerlich bei der überaus wichtigen Essenz! Die Essenz ist essentiell, und darüber hinaus impliziert sie Hoffnung. Ms. Hyde weiß nämlich ganz sicher, dass sie irgendwann einmal wieder eine Ms. Jekyll sein wird.

## Was tun, wenn die Zeichen auf Beziehung stehen

Ja, so ist es - wir, Sandra Vahle und Mary Green, ersehen einen Dr. Jekyll, denn wir verlieben uns gerne! Weil es so bedeutsam ist, untermauern und begründen wir es: Weil es uns das allerschönste Gefühl der Welt verschafft. Weil wir gerne fliegen, und zwar am liebsten ohne Fallschirm!
Irgendwann kommt DEINE Zeit! Irgendwann, wenn du all unsere Ratschläge gewissenhaft befolgst und genauso schlimme Dates erlebt hast wie wir, wirst du dein Singledasein lieben. Und plötzlich taucht da jemand auf, mit dem du schon gar nicht mehr gerechnet hast, bei dem du geglaubt hast, dass er gar nicht existiert! Jemand, der ernsthaftes Interesse bekundet, zeitnah auf deine Nachrichten antwortet und sogar als erstes die Initiative ergreift. Der Fragen stellt. Wie es dir geht und so und was du am Wochenende vorhast. Ja - was machst du dann, wenn das umsichtige Universum deinen Brief rasch bearbeitet und dich erhört hat?
Ganz wichtig - wirf auf keinen Fall all das Gelernte über Bord, aber hab auch den Mut, dich auf etwas Neues einzulassen und mit geöffnetem Herzen wieder einem Mann zu vertrauen.

- Gib dir kurz Zeit, um den Schock zu verdauen, und dann signalisiere hinreichend Interesse (ja, intelligente Frauen belohnen nette Männer). An dieser Stelle würden wir gerne mit einem Vorurteil aufräumen, welches besagt, Frauen stehen auf Arschlöcher. Nein, liebe Männer und schönen Gruß hier und da - dem ist nicht so. Wir wollen nicht scheiße behandelt werden (wir hätten uns sehr gewünscht, für immer und ewig mit dem Herzen-Zertrümmerer und Don Juan glücklich zu sein), wir wollen nur nicht, dass der Falsche nett zu uns ist. Wenn wir dich also nicht wollen, obwohl du nett zu uns bist, ist das gleichzusetzen mit: Wir wollen dich nicht, weil wir nicht auf dich stehen. So einfach ist das. Und wenn wir auf dich stehen, wollen wir, dass du nett zu uns bist. Und zwar einzig zu uns, und nicht noch parallel zu zehn anderen - dann fühlen wir uns nämlich wie etwas ganz Besonderes und wir lieben dieses Gefühl. So einfach ist das. Punkt. Ausrufezeichen! Dieser kleine Exkurs ins weibliche Gehirn ist äußerst bedeutsam und musste mal eben sein - besser spät als nie!

- Zurück in die rosarote Realität! Dein Traummann ist da und ihr werdet ein Paar! Zunächst einmal Gratulation, denn jetzt kommen so einige Vorteile ans Tageslicht, allen voran regelmäßiger Sex. Regelmäßiger Sex ist toll! Du kannst mehr essen, ohne zuzunehmen, aber nicht maßlos, denn so viele Kalorien verbrennst du dabei jetzt auch nicht. Das eine oder andere Extra-Eis ist aber durchaus drin.

- Genieße es und denk nicht so viel nach! Wo die Reise mit euch zwei hinführt? Wer weiß das schon? Lass es einfach passieren und genieße eure Zweisamkeit! Du hast dir ein wenig Rast und Erholung nach deiner turbulenten Single-Reise verdient. Atme, esse und liebe!

- Du erhebst Einspruch? Ein neuer Mann bringt alles durcheinander? Du hast Angst, dich selbst zu verlieren und aufzugeben? Sorge, zurückstecken zu müssen? Entspann dich und setze deine Prioritäten neu. Pack deine Single To-Do Liste in eine Schublade (wir hoffen, die Sexliste hast du abgevögelt), und bringe geplante Projekte in Einklang mit deinem neuen Beziehungsstatus. Du wolltest zehn Monate durch Thailand reisen? Deswegen musst du MCDreamy und MCSexy in einer Person nicht sausen lassen! Finde einen Kompromiss! Kompromisse sind wunderbar, denn sie erlauben dir, deine eigenen Bedürfnisse weiterhin ernst zu nehmen, aber ebenso die deines Partners zu berücksichtigen.

- Setze dir neue Ziele! Wie gesagt: Das Zauberwort heißt Kompromiss und mit deiner Bereitschaft jene einzugehen, löst du jedes Problem. Es gibt da jetzt jemanden, der mit dir gemeinsam durchs Leben gehen möchte und gemeinsam heißt gleichermaßen nicht länger einsam. Verschiebe oder verkürze deine Reisepläne, oder reist zusammen. Es gibt nicht nur eine Variante von Spaghetti Bolognese, die lecker schmeckt - wenngleich wir der festen Überzeugung sind, dass unbedingt Cocktailtomaten hinein gehören.

- Nimm dir weiterhin Zeit für Freunde und Familie, und zwar hinreichend. Begehe nicht den klassischsten Fehler aller Fehler: Lass nicht die Menschen hängen, die stets für dich da waren, als du einsam, traurig und verzweifelt warst, beziehungsweise ein glücklicher Single. Erinnere dich mit Sanftmut und Sorgfalt an all diese wunderbaren Menschen, und pflege und hege sie fortan! Dieser Gedanke führt uns auch sogleich zum nächsten Punkt.

- Bewahre dir dein Eigenleben! Sehr sehr wichtig - du willst ja schließlich kein dummes Anhängsel werden. All die Kurztrips und Kuschelabende mit deinen Freundinnen gehören weitergeführt. Natürlich obliegen sie fortan einer Einschränkung, doch die Betonung liegt auf angemessen.

- Bewahre dir ebenso deine Selbstverwirklichung, angefangen mit der Optik. Färb dir nicht die Haare blond, nur weil MCSexy darauf abfährt. Bleib du selbst, aber eben von nun an mit jemandem an deiner Seite. Jemanden, den du in dein Leben integrierst, und umgekehrt. Stelle ihn deiner Familie und Freunden vor, wenn es sich für dich richtig anfühlt, das zu tun.

- Mach deinen neuen Freund hingegen besser nicht mit deinen Ex-Freunden bekannt. Davon möchten wir dringend abraten, außer euch verbindet eine sehr innige Freundschaft, oder Patchwork-Argumente wie Kinder oder Tiere.

- Wir erteilen dir die offizielle Erlaubnis zum unbegrenzten Stalken - jedoch verlangt es dir gar nicht danach? Herzlichen Glückwunsch: Du scheinst aufrichtig verliebt!

- Vernachlässige unter keinen Umständen deine Seele! All die Dinge, die dir gut getan und welche dir geholfen haben, Ablenkung von der Einsamkeit zu finden, darfst du besten Gewissens fortführen. Den Liebesroman, dein Schaumbad, dein Wellnesswochenende - dem steht kein Mann der Welt im Weg, und schon mal gar nicht dieses charmante, humorvolle und potente Prachtexemplar, das du dir geangelt hast.

- Also liebe Mädchen und Frauen dieser Welt: Wenn euch MCDreamy und MCSexy in einer Person vereint über den Weg läuft und euch dann auch noch mit Haut und Haaren will, gibt`s eigentlich nur eine Option: Zugreifen, Festhalten und Ratgeber-Beziehungsbuch kaufen! Ehm - rein zufällig schreiben wir übrigens bald einen.

## Singledasein - Pro und Contra-Liste

Pro:

- Du lernst andere nette Mädels kennen, weil ihr euch den Mann teilt #Modelshatmanniefürsich
- Du kommst in den Genuss kleine Penisse zu begutachten #neidisch?!
- Du musst dein Essen nicht selbst aussuchen #sorgsamerGolflehrer
- Du erhältst gepulte Garnelen #Jackpot
- Du kannst dich das Fürchten lehren lassen #Gespenstergibtesdoch
- Du kannst dich gewaltsam mit Fleisch füttern lassen #beveggie
- Du verbringst Sonntage nicht auf der Couch #sondernmitdummenMännern
- Du darfst immer und überall mit deiner Freundin chatten #dankeHermann
- Du kannst IHN schon am ersten Date in den Mund nehmen #halloGeschlechtskrankheiten
- Du kannst dir von deiner Schwiegermutter ein Überbrückungskabel kaufen lassen #armeStudentin
- Du darfst mit Don Juan de Marco schlafen #dankelieberGott
- Du darfst Don Juan deine intimsten Fantasien offenbaren #Glückseligkeit
- Du kannst Fremden deine Adresse verraten #zerstückeltundvergewaltigt
- Du hörst Schmeicheleien über deine Figur #fetterRiese
- Du kannst umsonst in fremden Hotelzimmern übernachten #zumindestinderTheorie
- Du darfst dich wie ein Mann benehmen und Ms. Hyde sein #ichbindannmalweg

Contra:

- Du musst deinen Mann mit anderen teilen #ichwill-meinModelnurfürmich
- Dir fehlen große Penisse #werkannderkann
- Du musst das essen, was dir serviert wird #Entscheidungsfreiheitwirdüberbewertet
- Du darfst deine Garnelen nicht selber pulen #Pulfreiheitdesgleichen
- Du fürchtest dich vor Gespenstern #gruselig
- Du darfst keine Vegetarierin sein #freierWilleverboten
- Du verbringst Sonntage nicht gemütlich auf der Couch #wieungerecht
- Dein Akku geht schnell leer, weil du immer und überall mit deiner Freundin chattest #verkaufthierjemand-powerbanks
- Du musst IHN schon beim ersten Date in den Mund nehmen #bettersafethansorry
- Du stehst für immer in der Schuld deiner Doch-nicht-Schwiegermutter #ärmereStudentin
- Du darfst nicht mit Don Juan de Marco schlafen #neinallesnurdasnicht
- Du darfst Don Juan nicht deine intimsten Fantasien offenbaren #grausamsteFolter
- Du musst umziehen #weitweitweg
- Du hörst, dass dein letztes Sportprogramm wohl kein Erfolg war #immernochfett
- Du darfst keine Lady und Ms. Jekyll sein #mieseNummer
- Du musst mit Mr. Hyde rummachen #miesergehtimmer

13599629R00066

Printed in Germany
by Amazon Distribution
GmbH, Leipzig